NOUVEAU MINOTAURE

UN

NOUVEAU MINOTAURE

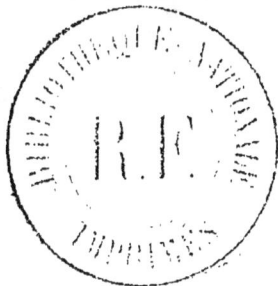

« Ne faites point à autrui ce que
« vous ne voudriez pas qu'il vous
« fût fait à vous-même. »

14
1881

Revendications légitimes. — Economie sociale

SAINT-ÉTIENNE

IMPRIMERIE MÉNARD ET DING, SUCCᵣˢ DE MONTAGNY
Angle des rues Gérentet et de Lodi
1881

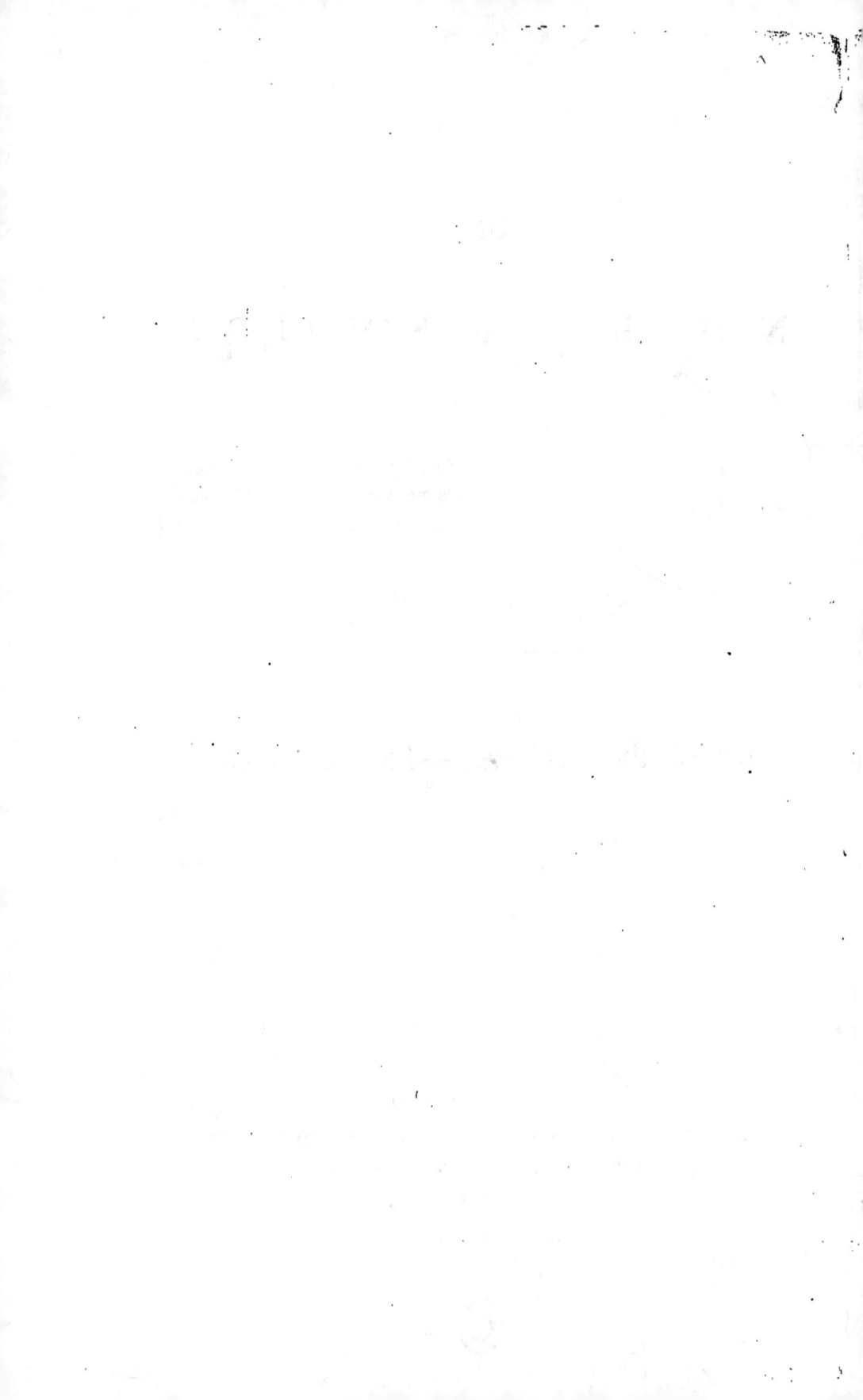

UN
NOUVEAU MINOTAURE

La Propriété de tous

Personne n'ignore aujourd'hui que tous les minéraux divers que renferment les entrailles de la terre, *sont la propriété de l'Etat,* et constituent, par conséquent, une bonne part de ce qu'il est convenu d'appeler la FORTUNE PUBLIQUE.

La Houille

Parmi ces minéraux, *il en est un,* LA HOUILLE, qui est devenu, sans conteste pour la vie publique, aussi indispensable que le PAIN, et comme son exploitation n'exige aucune transformation, que sa vente se fait au comptant ou à peu près, on peut, sans être contredit, l'appeler une *mine d'or monnayé.*

En effet, si, pour les autres minéraux, tels que : le fer, le cuivre, l'étain, le plomb, le zinc, l'antimoine, le cobalt, le nickel, etc., etc., leurs diverses transformations nécessitent des opérations multiples, de grands capitaux, des établissements considérables, des appareils, des outillages importants et coûteux, des stoks improductifs; il n'en est pas ainsi pour l'exploitation du charbon qui, sauf la machine d'extraction, n'exige que la main-d'œuvre, et pour outillage, pics et pelles.

Le Temps regretté

Il n'y a pas un siècle, le département de la Loire, seul peut-être en France, utilisait ce combustible pour l'industrie, principalement celle métallurgique et le chauffage domestique; ce qui explique que quelques grands propriétaires seulement s'occupaient alors de son extraction qui s'opérait, au moyen primitif, de simples calandres mues avec un ou deux chevaux, ce qui se pratique parfois encore aujourd'hui.

A cette époque d'heureuse mémoire, chacun était maitre chez soi, et la vente du meilleur charbon, même *gros*, ne dépassait pas le prix de 50 centimes la benne du poids de 150 kilo-

grammes, c'est-à-dire d'*au plus* 30 centimes
les cent kilogrammes!!! Inutile de dire que
l'exploitant était très-satisfait et le public aussi.
(Ce qu'il y a d'étrange, eu égard aux cours d'à
présent, c'est que cet état de choses s'est maintenu et prolongé jusques plusieurs années après
la révolution de 1830 — longtemps après les
concessions octroyées.)

Le Privilége

Advint la Loi sur les concessions, et l'Etat,
tout en concédant *gratuitement* le privilége de
cette exploitation, soit à quelques grands capi-
talistes, soit à des favoris à satisfaire, n'en eût
pas moins la pensée intime et morale, il faut le
croire, de lui donner de l'extension, de la faciliter par des recherches, des travaux importants
et enfin d'en aménager l'avenir au profit de la
société.

Malheureusement, les stipulations alors édic-
tées, n'ayant point été assez restrictives et
réglementées, il est advenu que les concessionnaires ont jugé qu'il était plus lucratif pour eux
d'en faire de l'agio, et les concessions *gratuitement* accordées à *perpétuité,* ont été successivement vendues, revendues et agglomérées

indéfiniment, à bénifices tellement multipliés, qu'il en est dont le chiffre a plus que centuplé du prix de la vente primitive.

Pour ne parler que d'une seule, ainsi en est-il de la *compagnie de Firminy et Roche-la-Molière,* dont les actions émises dans son acte constitutif au prix de 500 francs l'une, rapportent aujourd'hui 3,000 francs de revenus et ainsi toujours *crescendo.*

Les Ouvriers

Avant les concessions et à l'époque où elles furent données, les ouvriers étaient tout autant salariés qu'aujourd'hui, ce qui me permet d'affirmer qu'ils l'étaient considérablement plus, eu égard à la plus-value qu'avait alors le numéraire, puisque leur rétribution quotidienne variait de 3 à 4 francs, ce qui équivaudrait actuellement au prix de 7 à 8 francs au moins; ils avaient, de plus, une redevance personnelle périodique et en nature d'un sac de charbon qu'ils choisissaient eux-mêmes pour les besoins de leur famille; cette redevance leur a été supprimée depuis nombre d'années, et, s'il leur en est encore délivré accidentellement, les compagnies houillères ne le font qu'autant que cela leur plait et pour qui il leur plait, en ne donnant encore que du mauvais charbon qu'elles ne peuvent vendre.

Autrefois et Aujourd'hui

J'ai dit précédemment, qu'avant les concessions et longtemps après, le charbon se vendait dans le bassin de la Loire à 30 centimes au plus les 100 kilogrammes; aujourd'hui son prix est de 2 francs à 3 fr. 50 cent. les 100 kilogrammes, suivant la catégorie.

Les temps sont-ils changés ! ! !

Peut-on à cet encontre invoquer l'augmenmentation de la main-d'œuvre? non, je viens de prouver le contraire, puisque les ouvriers aujourd'hui sont, de fait éclatant, moitié payés comme autrefois, qu'ils ont plus de travail et pas de redevance.

Peut-on exciper de ce que l'exploitation exigeant des engins plus puissants, partant plus coûteux, le prix de revient est plus considérable? Cette allégation ne serait que spécieuse et mal fondée, car il est plus logique *d'affirmer* que précisément pour cette raison même, l'exploitation actuelle est bien plus économique qu'alors, par le motif évident, qu'avec les puissantes machines d'extraction et d'épuisement qu'ont créées les intelligences de notre temps, il est permis d'aménager toutes les couches superposées et de centupler l'extraction journalière.

Il serait plus sincère d'avouer que le prix de revient se calcule sur le capital actuel de chaque compagnie, capital plusieurs fois doublé depuis son origine et que l'on pourrait appeler une *stratification d'agio*. Et encore, quel écart de ce prix de revient qui ne dépasse certainement pas 70 centimes les 100 kilogrammes à celui de la vente?

Est-il maintenant nécessaire de conclure? Des milliers d'hectolitres de charbon s'exploitent chaque jour au *profit exclusif* de *quelques-uns,* dont le droit est, suivant leur bon plaisir, d'en élever le prix à leur gré.....

Et cependant, ainsi que je l'ai dit en commençant, cette richesse fait partie de la FORTUNE PUBLIQUE!

Est-ce un paradoxe? Est-ce une mystification?

Les Grèves

Des grèves accidentelles ont surgi : mystérieuse origine que ces grèves, que je me garderai de sonder; étrange, bien étrange, toujours leur résultat, qu'on dirait fait vraiment pour railler la morale et le bon droit; car, qui pourra démentir que chaque grève n'a donné aucune satisfaction aux ouvriers qui en ont été pour leur temps perdu? Bien heureux que les événements, de sinistre mémoire, de la Ricamarie et d'Aubin aient été exceptionnels.

Qui pourra démentir que pendant chaque grève, les Compagnies n'en aient profité pour vendre à bon prix, les rebuts de leur charbon, invendables sans la circonstance?

Qui pourra démentir, qu'aussitôt après chaque grève, le prix des charbons a toujours été augmenté et que par ces faits, les Compagnies n'aient encaissé un supplément de bénéfices par centaines de mille de francs?

Abus

Mais hélas! qu'est tout cela? L'appétit vient en mangeant, dit le proverbe, seulement, il ne

me semble pas prudent, même avec tous les
droits, de braver la misère et l'opinion publique.

1870-1871.—Epoque néfaste et douloureuse,
permettez-moi de vous évoquer : en ce temps,
les charbons de grande consommation indus-
trielle, je veux dire ce que l'on appelle le *tout
venant,* se vendait généralement 10 à 11 francs
la tonne de 1,000 kilogrammes. La pacification
se fait : la France, pour réparer ses finances
et faire face aux échéances de sa libération,
augmente les impôts, en crée de nouveaux,
parmi lesquels il est de circonstance de citer
particulièrement ceux indirects suivants : augmentation du prix de transport par chemins de
fer, sur la petite et grande vitesse, ainsi que sur
celui des voyageurs; monopole de la fabrication
des allumettes par l'Etat — très-drôle de ressource inventée par un député, marchand de
coton. Ma foi, tant pis pour le marchand de
coton; qu'on me pardonne d'ouvrir une paren-
thèse, mais il est nécessaire que *tout le monde*
connaisse le résultat de ce singulier impôt libé-
rateur, ce résultat le voici : *Indemnité, fortune pour tous les grands fabricants d'alors,
qui n'en fabriquent que davantage depuis;
néant pour la Compagnie générale conces-*

sionnaire; néant pour le Trésor; industrie perdue pour une masse de petits fabricants; augmentation pour le public de 50 pour cent.

Ces impôts durent encore... — Vous vous attendiez peut-être, lecteurs, à ce que les Compagnies charbonnières fussent en la circonstance, mises à juste contribution; hé bien! soyez désabusés, elles ne furent astreintes à aucune charge nouvelle; ce que voyant, sans doute avec surprise, elles se crurent naturellement les principales victimes de l'invasion et pour en réparer les désastres dont elles n'avaient rien eu à souffrir, elles s'empressèrent à leur tour, d'augmenter le prix de leurs charbons, et le tout venant, dont je viens de vous entretenir, fut aussitôt établi à 16, 17, 18, 19 fr. de 10 à 11 fr. qu'il était; depuis longtemps déjà il se vend 20, 21 et 22 fr. la tonne; *rien que doublé!!!* — étonnant patriotisme! est-ce instructif?

J'allais oublier une particularité qui mérite cependant d'être connue. Suivant la loi, les Compagnies charbonnières sont tenues, paraît-il, de livrer sur plâtre à l'orifice de chaque puits, à tout acheteur quelconque y arrivant avec son ou ses attelages et à tour de rôle, à la seule condition de payer comptant sans escompte, le prix du cours. Tout homme sensé, va supposer que payé comptant, ce prix doit être, pour l'indigène surtout, celui *le plus bas*, ainsi que le veulent la logique et la justice ; hé bien ! c'est encore une erreur ! ce prix est toujours le plus élevé, et les industriels ainsi que les marchands à qui l'on accorde 60 jours de terme et 2 p. % d'escompte, paient‘moins cher d'au moins 2 fr. par tonne ; détail plus édifiant encore !· on vend en Italie à meilleur compte qu'à la population indigène, parmi laquelle se trouve une fraction importante d'ouvriers cloutiers, qui sont obligés d'acheter leur charbon et qui, pour cela, devraient être classés tout comme les grandes industries.

Conséquences

Et voilà pourquoi le public, dont c'est la fortune indivise, paie 2, 3 fr. — et 3 fr. 50 les 100 kilog., le charbon qu'il payait autrefois 30 *centimes !!!* et dont le prix de revient ne dépasse pas actuellement 70 centimes au plus.

Et voilà pourquoi les établissements industriels et particulièrement ceux métallurgiques, obligés de s'incliner devant cette autorité arbitraire, ne pouvant très-souvent soutenir la concurrence étrangère, sont forcés de tenir leurs prix élevés, de restreindre par fois leur fabrication, au lieu de la développer dans toute sa puissance au profit général.

Peut-être est-ce l'une des causes qui a fait de nos jours la plupart d'entre eux les ennemis du libre-échange.

Et voilà pourquoi on paie la lumière du gaz beaucoup plus chèrement qu'on ne le ferait.

Et voilà pourquoi les Compagnies de chemins de fer et de la navigation n'allègent point leurs tarifs, qu'ils abaisseraient certainement de beaucoup, si le combustible leur coûtait moins.

Et voilà pourquoi des nations voisines importent leurs charbons, malgré des droits énormes, jusque dans le centre de la France.

Et voilà pourquoi l'Angleterre a le monopole de cette vente dans tous nos ports de mer et dans tous ceux de la Méditerranée !!

Et voilà pourquoi nous est donné l'écœurant spectacle de voir journellement sur les remblais avoisinant les puits et les grandes usines, une famélique population de femmes et d'enfants, jeunes filles surtout, jambes nues et un mauvais panier à la main, glanant les morceaux égarés et les rebuts, pour les nécessités de leurs pauvres familles et pour ne pas mourir de froid l'hiver; il va sans dire, qu'au grand jamais, MM. les Directeurs de Compagnies, n'ont songé un instant à imiter l'élogieux subterfuge de Booz vis-à-vis de Ruth.

Et voilà pourquoi... Mais je n'en finirais pas.

Où passe la fortune publique ?

La cause de ces augmentations, aussi scandaleuses que successives, qu'on ne la demande pas aux administrateurs des Compagnies; ou ils garderaient le silence, ou ils répondraient : c'est notre droit, c'est notre bon plaisir ; ce qui du reste, est malheureusement trop vrai.

Bien que cette cause se dégage suffisamment des particularités qui précèdent, que

ceux qui tiennent à les bien approfondir pren-
nent simplement un journal quelconque et en
lisent la cote de Bourse, ils seront édifiés. —
Ils y verront notamment dans un article de
l'un d'eux, qu'une seule Compagnie, qui n'est
pas, tant s'en faut, la plus importante du bassin
de la Loire, a réalisé, en 1879, *un bénéfice net*
de QUATRE MILLIONS 600,000 FRANCS
et qu'elle a, de plus, 10 MILLIONS DE RÉ-
SERVE !!!

Est-il difficile après cela, de comprendre où
passe ce qu'on appelle la *fortune publique!*
Et dire *que les malheureux ilotes, qui sont
condamnés à remplir ces coffres-forts, ne
sont payés par... j'allais dire par jour,
c'est par* 10 *ou* 12 *heures d'un travail inhu-
main à* 5 *ou* 600 *mètres sous sol qu'il faut
dire, ne sont payés que depuis* 3 *fr. jusqu'à*
5 *fr.*

Les Redevances de l'Etat

Si encore la redevance de l'Etat faisait une
compensation ! mais c'est une nouvelle désillu-
sion notoire, puisque du Bassin entier de la
Loire, au dire du même journal, l'Etat n'a
touché en fait de redevances houillères :

En 1876 que. . . . 549,599 fr. 33 c.

En 1877 que. . . . 764,291 07

En 1878 que. . . . 642,649 15

Alors que chaque concession encaissait annuellement des MILLIONS !!!

O DENIERS D'ANZIN !! O COUPONS DE LA LOIRE !! QUELLES FORTUNES n'avez-vous pas extirpées depuis 40 ou 50 ans de la propriété publique et de la sueur des ouvriers ???

La fortune privée et les Propriétaires

Si l'on pense que la cupidité des Compagnies houillères s'arrête là, c'est une autre illusion tout-à-fait facile à détruire.

L'exploitation houillère entraîne, chaque jour, nombre de dégradations, de fissures, d'affaissements, d'effondrements dans les propriétés ; nombre d'éboulements, de lézardes dans les murs et les maisons.

Naturellement dans ces cas, dira-t-on, chaque propriétaire lésé est en droit de revendiquer des dommages *ad hoc ;* pour cela, il n'a qu'à réclamer.

Eh bien ! sait-on ce que la plupart du temps

il leur est répondu à ces propriétaires, par le personnel des Compagnies ?

Ecoutez ! Voici une réponse à peu près littérale : vérification faite *de nos plans, nous ne sommes pas chez vous, et par conséquent, n'avons que faire de vos doléances et de vos réclamations et ne sommes point passibles de dommages qui nous sont étrangers.*

Après pareille réponse, si vous êtes pauvre, vous n'avez qu'à supporter votre mal et vos dommages en patience ; si vous êtes riche, ou seulement assez à l'aise et assez indigné pour ne point courber la tête devant ce MINOTAURE INSATIABLE, vous introduisez une instance judiciaire devenue indispensable. C'est là que vous attend la Compagnie houillère, et, comme le monstre du grand poète Hugo, les administrateurs, forts de leur puissance financière et de leur influence, sont à peu près sûrs de vous étreindre sous la pression lentement calculée de leurs tentacules avides et puissants, comptant sur les lenteurs judiciaires pour vous décourager et vous ruiner, si faire se peut.

En effet, le Tribunal, se désintéressant personnellement de la question, nomme trois ex-

perts, presque toujours choisis dans le corps des
ingénieurs civils et des professeurs à l'Ecole
des mineurs, qu'il charge *invariablement,*
soit de rechercher et d'apprécier les causes du
dommage, ce qui est logique ; mais ce qui ne
le paraîtra plus du tout, à tout homme sensé,
c'est de leur conférer la même qualité, pour
apprécier, démolitions, reconstructions, pertes
locatives, enfin dépréciations d'immeubles.
Un laps de temps assez long se passe, puis
nombre de vacations s'en suivent et ce n'est
qu'après six mois, un an, plus tard souvent
même, que leur rapport est déposé ; après
quoi, ils demandent un exécutoire qui leur est
aussitôt octroyé par le Tribunal et que le plaignant, en sa qualité de demandeur, est obligé
de solder *immédiatement,* qu'il ait de l'argent
ou non. Morale — pourquoi ces Messieurs ne
sont-ils point astreints à attendre l'issue du
jugement? d'autant plus que les avances faites
par le poursuivant ne sont susceptibles d'aucun intérêt d'après l'avis du Tribunal.

Le rapport conclut à peu près toujours à ce
que les dommages dénoncés sont fondamentalement causés par l'exploitation des mines,
mais il est presque toujours aussi accompagné

de considérations secondaires à la charge du plaignant, d'où il découle que, jugement rendu *(jugement qui n'est presque toujours que l'homologation du rapport, conséquence du mandat donné)* la Compagnie n'est condamnée qu'à un infime dédommagement toujours bien au-dessous de la *perte causée* ; bien heureux encore pour le demandeur, s'il n'est pas condamné lui-même à une partie des frais. Quoiqu'il en soit et malgré son droit fondamentalement reconnu, il résulte de cette façon d'obtenir justice, que l'indemnité allouée est *toujours* insuffisante pour les réparations à faire et la perte locative et que, partant, il *en est de son argent et du préjudice causé.* Que l'on fasse une enquête, son résultat sera la preuve de ce que j'avance et que j'affirme.

Puisqu'en l'espèce, les experts se trouvent de fait, seuls juges, pourquoi ne point procéder par voie d'arbitrage ? par ce moyen, les parties, en nommant un jury compétant de six experts par exemple, seraient assurées d'obtenir des résultats plus moraux, plus prompts et infiniment plus économiques. En opérant ainsi, on serait certain de faire de la bonne justice et les propriétaires plaignants, tout en obtenant *une prompte solution,* n'auraient plus la crainte, bien fondée, d'être appauvris ou ruinés même par les longanimités quelque fois combinées et les appréciations presque toujours erronées.

Il est également nécessaire que l'on sache que le nombre des ingénieurs civils est si grand à Saint-Etienne, qu'une fraction de ce corps respectable n'exerce d'autres fonctions que celle d'expert; il ne paraîtra donc pas étonnant si, généralement, ils ont une tendresse naturelle pour les Compagnies, ces bonnes mères, et s'ils se gardent de l'ingratitude de mordre le sein qui les nourrit si bien aux dépens d'autrui; car il faut que l'on sache aussi que la plupart des Compagnies se refusent formellement à toute espèce de transaction amiable, sachant bien que leur intérêt gît tout entier dans l'appréciation des experts.

Et que deviendrait l'industrie des Experts, si les Compagnies prenaient l'habitude de transiger amiablement?

Les Redevances

Il m'est impossible de clore cet opuscule, sans parler aussi des redevanciers qui, sauf les quelques grands très-fonciers possédant nombre d'hectares, sont toujours exploités sans moyen sérieux de contrôle ; aussi, ne reçoivent-ils à peu près *plus rien du tout,* et si, à de longs intervalles, il leur est délivré note, cette note est toujours d'une insignifiance dérisoire, comme qui dirait 25 ou 30 fr. pour un trimestre et comme je viens de le dire, sans contrôle possible : comme s'il est supposable que l'on puisse exploiter pendant *un jour seulement* dans un chantier, pour n'obtenir qu'un résultat, pour le redevancier, de 25 à 30 fr. ?

Chose curieuse, outre que les Compagnies sont juges et parties, outre que leurs notes portent ce qu'elles veulent bien y mettre d'utile à leurs intérêts ; outre qu'elles peuvent ne pas se faire faute de transformer le gros en grêle et le grêle en menu si çà leur plaît ; elles ont aussi inventé une nouvelle catégorie vraiment ingénieuse qu'elles appellent *charbons sales !* Elle figure naturellement sur la note des redevanciers pour une grosse part, et le prix y est fixé à 0,30 c. les 100 kilog.; il faut ajouter que cette sorte imaginaire n'est aucunement marchande et ne se vend jamais.

Ce minotaure d'une nouvelle espèce est tellement omnivore, qu'une Société, la Compagnie des mines de *Firminy et Roche-la-Molière,* qui depuis son origine jusqu'aujourd'hui n'a cessé d'exploiter les tréfonds de la commune de Firminy, sous ses terrains communaux, édifices, rues, places, route nationale délaissée etc., etc., doit à ladite commune une somme de plusieurs centaines de mille francs qu'il *est impossible de lui arracher.*

Enfin, pour donner une idée de l'omnipotence de ces Compagnies houillères, je dois ajouter que l'ordre mercantile est, chez elles, interverti, au point que tous les fournisseurs n'ont aucun prix à soumettre ; bienheureux ceux auxquels la camarilla bureaucratique permet l'autorisation d'être pourvoyeurs ; ces favorisés reçoivent alors des bureaux de la Compagnie la note de leurs propres expéditions avec prix cotés et sommes additionnées, c'est ce qui constitue leurs factures.

Ils n'ont jamais le droit de soumettre les prix de leurs fournitures, ils doivent subir la taxe qu'on leur applique et sont payés comme l'entend l'Administration.

Catastrophes

Parlerai-je des catastrophes qui, si calamiteusement, se répètent, hélas! trop souvent dans le bassin houiller de la Loire? S'il ne m'appartient pas d'en rechercher les causes, ce devoir incombant à de plus autorisés que moi, qu'il me soit permis de faire remarquer qu'à chacun de ces sinistres où nombres de victimes s'entassent parmi ces malheureux déshérités de la société, pendant que la sympathie générale se manifeste par des secours spontanément offerts même par l'*étranger,* les Compagnies sont restées non-seulement insensibles, mais les familles atteintes et privées de leurs soutiens, ont à peu près toujours aussi été forcées de recourir aux tribunaux pour obtenir, avec longanimité, souvent qu'une indemnité insuffisante, quoique en partie prise sur la caisse de secours formée et alimentée par les retenues régulières faites sur la paye des ouvriers.

Cette question de caisse de secours en provoque naturellement une autre qui mérite place dans cet opuscule.

Pourquoi ces caisses de secours (*en atten-*

dant une organisation plus générale) ne seraient-elles pas solidaires, au moins pour toutes les exploitations de la Loire?

Pourquoi ces caisses ne seraient-elles pas versées dans celles de l'Etat et productives d'intérêts?

Pourquoi un pauvre ouvrier des plus deshérité dans l'état social, après avoir travaillé pendant vingt ans par exemple dans une Compagnie et y avoir journellement exposé sa vie, soit qu'il s'en retire pour travailler ailleurs, soit pour rester chez soi, perd-il ses droits à ladite caisse qu'il a alimentée d'une part journalière de son salaire pendant lesdits vingt ans?

Motifs de publicité

Comme il importe que personne ne se méprenne sur les motifs de cette publicité, pour que d'aucuns ne puissent l'attribuer à quelque cerveau subversif, je dirai de suite que je ne suis point un écrivain, que je ne suis qu'un médiocre propriétaire, tributaire de 1,500 fr. d'impôts, que l'indignation seule a poussé à la divulgation de ces vérités.

C'est parce que, chaque fois que j'ai eu à

réclamer des dommages mérités aux Compagnies de mines, j'ai été victimé.

C'est parce que j'ai été traité si singulièrement dans une expertise où le rapport des experts concluant fondamentalement à ce que les travaux de la Compagnie des mines, qui l'avait préalablement nié, étaient parfaitement cause des désordres survenus dans ma proprité, mais avec les considérants accessoires dont j'ai parlé page 19; il s'en est suivi :

1° Que la Compagnie n'a été condamnée que pour la forme, c'est-à-dire à une somme dérisoire comparativement aux dégâts qui seuls en nécessitaient au moins dix fois autant;

2° Que tout en ayant foncièrement gain de cause, j'ai été condamné aux trois cinquièmes des frais.

Qu'en conséquence, tout en passant sous silence la dépréciation énorme causée à mon immeuble dont il n'a été à peu près pas tenu compte, j'ai perdu en cette affaire une somme importante et de plus tous les dommages à réparer ! ! !

En pareille occurence, un poëte aurait dit :

Devines si tu peux,
Appelles si tu l'oses.

Moi,

Reconnaissant qu'une Compagnie houillère :

> C'est le privilége,
>
> C'est l'exploitant,
>
> C'est le pot de fer ;

Que moi, je ne suis :

> Qu'une fraction infime,
>
> Du propriétaire,
>
> Du redevancier,
>
> De l'exploité,

C'est-à-dire :

> Le pot de terre ! !

Je me suis très-humblement incliné devant la JUSTICE HUMAINE... tout en m'avouant intérieurement ma préférence pour l'AUTRE... et tristement, je me suis contenté de rêver à l'axiome de Bismark.

Et voilà pourquoi, je le répète, j'ai cru devoir, dans l'intérêt public, publier cette notice révélatrice.

Mon intention, tout d'abord, n'était point non plus, lecteurs, de vous ennuyer de ces détails, qui vous paraîtront tout personnels, et mon but primitif n'était autre que de vous soumettre sommairement les agissements des

Compagnies houillères vis-à-vis de l'Etat — des propriétaires — des redevanciers — des communes, etc., etc. Mais réflexion faite, c'est précisément parce que ces détails réellement personnels, ne sont exactement que la répétition de tous ceux qui émaillent les innombrables procès de ce genre ; c'est précisément parce que cette statistique instructive, n'a été osée par personne encore, que je l'ai crue nécessaire à l'édification générale ; c'est parce que tous les jugements qui se sont suivis en l'espèce, se sont ressemblés, que j'ai cru devoir en appeler au jugement de l'*opinion publique.*

Remède

Je sais bien que le droit national ne saurait prescrire et que le remède est à côté du mal ; que l'Etat a toujours le droit de reprendre ce qu'il a donné, contre une équitable indemnité ; mais en attendant qu'une question aussi grave soit minutieusement discutée, puis résolue, n'y aurait-il pas urgence à ce que, dans l'*intérêt général,* tous droits sur les charbons *étrangers* soient abolis ? sans qu'il soit permis aux Compagnies de suspendre en aucune façon leurs extractions respectives ?

Une nouvelle ère s'est levée; ère de justice
et de liberté, ère de paix et de réparation.
Voudra-t-on appliquer le remède? voudra-t-on
bientôt remédier à l'imprévoyance des gouver-
nements passés? Imprévoyance qui nous a
coûté si cher à tant de points de vue!! Il faut
y croire.

Ici, lecteurs, se terminerait naturellement la
mission que je me suis donnée, mais à seule
fin de mieux faire comprendre combien le
PRIVILÉGE est un abus envahisseur; à seule
fin de bien faire entendre *urbi et orbi*, combien il est parasite et contraire à tous les intérêts, il me parait utile, comme corollaire à tout
ce que je viens de dire, de donner au public
deux ou trois exemples de plus.

Concessions des terres algériennes

Serai-je contredit en affirmant que sans le
favoritisme, l'Algérie, cette nouvelle France,
n'aurait point été jetée en pâture par milliers
d'hectares, sous le titre spécieux de concessions, à des généraux, des négociants, des
banquiers, des créatures enfin?

Sous un gouvernement prévoyant et sage,
ces terrains riches de toutes essences, mesu-

rant en étendue, peut-être, plus que toute la
France, auraient été distribués par petites
fractions avec le nécesaire au besoin, à des
milliers de colons qui y auraient prospéré et
s'y seraient multipliés ; s'il en eût été ainsi,
on y compterait aujourd'hui 4 ou 5 millions
d'Européens, au lieu de 150 ou 200 mille qui
s'y trouvent tout au plus ; est-ce là une pro-
gression de 50 ans d'occupation ? S'il en eût
été ainsi, sa possession serait solidement assurée et la mère-patrie aurait un débouché in-
comparable.

Est-il difficile de comprendre que la con-
quête d'un pays neuf se fait sûrement, avec
beaucoup plus de morale et de promptitude
par la reproduction, que par le sabre et le ca-
non, qui ne doivent, en l'espèce, que jouer le
rôle de protecteurs ?

Les Compagnies de Chemins de fer

Les Compagnies de chemins de fer, qui ont
remplacé les routes nationales et possèdent à
peu près le monopole des transports des marchandises comme celui des voyageurs, ne paraissent pas du tout songer que ce monopole
même leur impose le devoir de faciliter le

bien-être général en marchant au progrès sous toutes les formes.

Pour sembler se montrer favorables au public, elles ont bien inventé, depuis quelques années, l'ingénieuse combinaison des billets d'aller et retour ainsi que les voyages circulaires à prix réduits ; mais comme ces aller et retour ne sont point généraux, pas plus que les voyages circulaires, il n'est pas difficile de reconnaître la subtilité de cette initiative, qui ne sert qu'à déguiser leurs appétits de recettes, qu'il faut dire bien mal compris.

J'ignore si cette générosité apparente ne les fait point déroger à leurs statuts ; en tous cas, cette combinaison n'est pas seulement subtile, elle est injuste. En effet, il arrive chaque jour que dans un même compartiment où se trouvent plusieurs voyageurs, les uns, qui ne font peut-être que un ou deux voyages dans l'année, paient moitié moins que leurs voisins, des *voyageurs de commerce,* par exemple, *qui voyagent constamment :* ceci, tout le monde le pensera, n'est point seulement un illogisme, c'est une INIQUITÉ.

N'est-ce point non plus un contre-sens, que

dis-je, n'est-ce point un contre-progrès déri-
vant du privilége, que de payer aujourd'hui
en chemins de fer beaucoup plus cher qu'on ne
payait autrefois dans les meilleures diligences ?
Ne serait-il pas plus correct, plus moral, plus
avantageux même pour les Compagnies,
comme pour le public, que tous voyages circulaires, que tous *billets* d'aller et retour soient
supprimés et *remplacés* par un abaissement
de 50 p. % sur le tarif ? Indubitablement, il
en serait de cette réforme ce qu'il en est'
advenu pour l'administration des postes, de
l'abaissement du prix des timbres, *un sur-*
croît de recettes.

Compagnies d'assurances contre l'incendie

Si, en principe, il est une institution de
sauve-garde générale, c'est bien celle des assurances contre l'incendie. Mais pourquoi ces
Sociétés, déjà nombreuses, voient-elles leur
nombre augmenter chaque jour avec l'autorisation de l'Etat ?

C'est que les premières Compagnies auto-
risées ont, à l'instar des Sociétés houillères,
émargé de la fortune publique des sommes
si importantes, que leurs actions, émises à leur

constitution au chiffre de 1,000 fr., en sont
arrivées tout comme celles des Compagnies
charbonnières à des sommes fabuleuses comme
qui dirait 35, 40 et 50,000 francs pour quelques-unes au moins; sans que pour cela,
peut-être même à cause de cela, la prime des
abonnés ait été en rien diminuée. Et comme
par convention tacite sans doute, le tarif est
le même dans toutes les Compagnies, il s'en
suit que le public paie 50 ou 60 p. % plus
cher son assurance que, si au fur et à mesure de l'augmentation du gain, les Compagnies avaient libéralement descendu ledit tarif.

Pourquoi la sollicitude naturelle de l'Etat,
a-t-elle fait défaut jusqu'ici à cette cause si
générale et si intéressante?

Je m'abstiens d'en émettre mon opinion,
mais il me semble que puisque les Compagnies
d'assurances n'ont jamais songé qu'à leurs
bénéfices privés, sans s'inquiéter le moins du
monde de l'intérêt général, il n'est que temps
que l'Etat gardien de la cause commune, l'Etat
qui ne s'est jamais interdit le droit d'assurer,
prenne cette initiative indispensable; ce fai-
sant, il pourrait rendre l'assurance obligatoire
pour toutes les habitations, ce qui serait une

bienfaisante mesure, attendu qu'un grand nombre de propriétaires de la campagne surtout, se refusent à cette charge, ce qui, les sinistres survenants, fait naître nombre de pétitionnaires vrais ou faux, parcourant les hameaux, les villages, les bourgs, les villes même, quémandant des secours, qu'il est rare que l'on refuse, ce qui constitue non-seulement une illégalité, mais une véritable plaie sociale en permanence.

Cette assurance faite par l'Etat et obligatoire coûterait peu, vu qu'inscrite sur le rôle des quatre contributions directes, sa rentrée s'opérerait comme pour et en même temps que les impôts ordinaires ; elle serait sous la surveillance immédiate des autorités locales, partant exposée à moins de fraudes. Les primes pourraient être infiniment réduites, par la raison : 1° Que l'Etat deviendrait naturellement seul assureur et pour tous propriétaires sans exception, puisque ce serait obligatoire; 2° Par le fait de l'énorme économie qu'occasionnerait les rentrées, car personne n'ignore que près de la moitié des primes actuelles sont absorbées par la multiplicité des agents qui sont à la charge des Compagnies d'assurances, ce qui ne les empêche point de prospérer dans les proportions extraordinaires que j'ai signalées en commençant.

Elle serait indubitablement une grande source toute nouvelle pour le Trésor.

Elle fournirait à l'Etat l'occasion de récompenser, par des emplois nécessités, les services rendus.

Les Agents de change

Que de choses des plus instructives il y aurait à dire sur ces gardiens privilégiés du VEAU D'OR ! mais je me souviens à temps que j'ai dit ne vouloir donner que 2 ou 3 exemples et je veux tenir parole, dussé-je y revenir dans une autre publication, car j'en passe bon nombre et des meilleurs.

Je me résume donc en disant, n'est-ce point le moment *de voir toutes les richesses publiques notoirement reconnues devoir remplir les coffres de l'Etat, de préférence à ceux des spéculateurs, revenir à l'Etat ?*
Chaque jour la publicité nous annonce de nouveaux dégrèvements, et les impôts directs augmentent ! — je connais des propriétés ru-

rales qui paient plus de 22 p. °/₀ sur leurs revenus.

Chaque jour on lit dans les journaux la discussion sur de nouvelles lois bienfaisantes et le public paie encore le décime de guerre sur la grande et petite vitesse ainsi que sur les voyageurs ! Et le public supporte encore l'énorme imposition sur les allumettes !

N'est-elle donc pas encore sonnée l'heure où l'on pourra dire : le privilége n'est plus ?... Parce que le privilége c'est le parasitisme. Le parasitisme ! quelle étude physiologique pour la plume d'un Balzac ou de Victor Hugo !

Seules, les *recettes légitimes*, pour payer la dette nationale et diminuer les charges publiques.

Il est vrai que les représentants de la France travaillent depuis quelques mois à modifier la magistrature, ce qui est bien ; mais ce qui serait mieux, le plus grand nombre sera de mon avis, ce serait la votation de nouvelles lois indispensables au bien-être général, car, pour me servir de l'expression d'une grande autorité parlementaire : « l'Ennemi !... c'est la JUSTICE .....

mal appliquée; c'est la JUSTICE!... qui, par ses lenteurs à résoudre les procès, provoque chaque jour plus de ruines que tous les sinistres, et de tous les fléaux est le pire. »

En effet, combien de procès se poursuivent pendant 10, 15, 20, 30 ans, et d'autres qui ne finissent jamais, amoncelant désastres sur désastres dans les familles, et devenant, la plupart, inextricables.

Et dire qu'en France la Justice est gratuite!

Des polémistes de grande autorité agitent, depuis quelques années, la question si fondamentalement humanitaire des *arbitrages internationaux,* à seule fin d'annihiler cette *monstruosité* qu'on appelle la *Guerre!*

Pourquoi ne pas commencer cette salutaire application aux litiges privés?

Il est bien *certain* que les trois quarts des causes qui vont aux tribunaux sont susceptibles d'une médiation très-facile pour un *Jury;* qu'importe, si le Trésor doit y perdre quelques encaissements? si la société et la morale ont tout à y gagner?

Avec l'arbitrage :

Pas de jugements erronés;

Pas de sentences préconçues ;

Pas de préventions injustifiables ;

Pas de frais, dont le montant est parfois le décuple du capital ;

Pas d'encouragements inconscients au chantage et à la fraude.

Est-elle donc surprenante cette clameur générale ?

A quand donc une loi sur l'arbitrage, pour toute cause assimilable et pour tout plaignant qui la revendique ?

A quand donc l'entrée libre des charbons étrangers ? en attendant le rachat des concessions houillères.

A quand donc l'assurance obligatoire, avec 50 p. 0/0 de rabais sur les Tarifs actuels ?

A quand donc la suppression du monopole sur les allumettes ?

A quand donc la suppression du timbre-quittance ?

A quand donc l'abrogation de la loi plus ennuyeuse encore qu'inquisitoriale sur les déclarations de fermages et de loyers ?

A quand donc la suppression du décime

de guerre appliquée aux transports des voyageurs et des marchandises?

A quand donc la suppression des billets d'aller et retour, des voyages circulaires à prix réduits, remplacés par un abaissement de 50 p. 0/0 sur les Tarifs en vigueur?

A quand donc l'abrogation de tous droits protecteurs? attendu que ces droits ne protégent, *de fait*, que l'intérêt de quelques-uns, au détriment de celui général. — Sans parler de l'empire d'Alexandre ou de celui des Romains, supposons seulement la France de Charlemagne ou de Napoléon Ier, à quoi pourrait servir le régime protecteur et la ligne douanière?

A quand donc le libre-échange dans toute son acception?

Car le jour où la France osera affranchir ses frontières, le jour où elle aura le génie de voter l'impôt unique, elle ne sera pas seulement la *reine* de la civilisation, elle sera la Métropole du Monde, et ce jour sera l'aurore de la République universelle.

Ediles de la Nation! la France a confiance

en vous : Elle sait que vous ne ferez point mentir les pronostics qui vous ont appelés ; Elle sait que les mots *Justice et Réparation* seront d'ores et déjà tacitement inscrits dans chacun de vos ordres du jour.

Elle sait enfin que vous la délivrerez du PARASITISME générateur de tous les minotaures.

CASTIGO.

Saint-Etienne, le 1er mars 1881.

———

NOTE DE L'AUTEUR

Le manuscrit de cet opuscule est écrit depuis 1877. S'il n'est publié qu'aujourd'hui, c'est que depuis 1877 l'auteur est en instance contre une Compagnie des Mines et qu'il en a probablement pour longtemps encore avant la solution.

C'est à tort et par ignorance que j'ai dit, page 27, que seul encore j'avais osé réclamer publiquement contre les envahissements des compagnies houillères ; aussi ne trouve-je rien de mieux, pour ma rétractation, que de reproduire littéralement le document suivant que j'ai eu l'heureuse chance de découvrir il y a peu de jours dans de vieilles archives ; je le livre sans commentaires à l'attention de mes lecteurs qui en jugeront, il est du 8 février 1825.

Je me bornerai à leur faire remarquer que ce n'est plus la voix isolée d'un seul plaignant ; c'est non-seulement celle de presque tous les grands propriétaires avoisinants, de la Loire et de la Haute-Loire, mais c'est encore le cri des municipalités de Firminy, du Chambon-Feugerolles, de Saint-Etienne, de Saint-Genest-Lerpt, de Bas, etc., dont les conclusions ne tendaient à rien moins qu'au retrait pur et simple des concessions charbonnières.

Serait-il donc trop exigeant, aujourd'hui, que d'en demander le rachat immédiat ?

Et qu'on ne dise pas que se serait rendre l'Etat accapareur et industriel ; rien ne lui étant plus facile après rachat, que de couper court à toutes les critiques :

1° En découpant judicieusement tous les terrains houillers ;

2° En les amodiant sur cahier des charges soigneusement étudié ; ce ne sera point les amodiateurs qui feront défaut.

3° En indemnisant préalablement tous les tréfonciers, attendu que tous les propriétaires de tréfonds seraient un embarras ; que du reste leur situation n'est pas logique, vu qu'il n'est pas possible d'exploiter tous les tréfonds à la fois ; que partant, les uns sont favorisés aux dépend des autres ; que bien des fortunes sont ainsi paralysées pour des siècles alors que leurs propriétaires sont dans la plus profonde misère ; qu'il se trouve même des situations tout-à-fait impossibles pour certains autres.

Ainsi, Monsieur de Rochetaillée à Saint-Etienne, est titulaire de la concession dite du

Cros, dont la plus grande partie est sa propriété
privée ; il est par conséquent parfaitement
en droit d'exploiter exclusivement chez lui et
les propriétaires tréfonciers du reste de sa
concession peuvent attendre jusqu'au jugement dernier.

Il est un adage qui dit qu'il y a toujours
des accommodements avec le ciel ; avec M. de
Rochetaillée, il n'y en a pas ; et pour preuve,
je connais une famille qui possède à peu près
une trentaine d'hectares compris dans sa
concession : l'un de ses membres qui avait
trouvé preneurs aussi sérieux que solvables
dans une puissante *compagnie métallurgique,* lui ayant fait la proposition, il y a 3 ou
4 ans, de lui faire l'amodiation de ces 30
hectares avec les conditions qu'il lui plairait,
fit répondre par son administrateur par un
refus catégorique, ajoutant à cette réponse,
que lui ferait-on un *pont d'or* qu'il refuse-
rait....... Tous commentaires me paraissent
superflus à pareille réplique.

Il fallait justifier que la fortune publique,
que tous les intérêts privés étaient à la *merci*
des concessionnaires houillers.

Il fallait démontrer que les Tribunaux, par une doctrine vicieuse à rendre la justice, se faisaient inconsciemment les coopérateurs de ces appétits inassouvissables.

Il fallait prouver irréfutablement que les ouvriers mineurs, ces machines vivantes indispensables au remplissage des portefeuilles de ces Etrangers, étaient à la merci *du grisou, des éboulements, des inondations, moins encore qu'aux étroitesses omnipotentes des Administrations.*

Toutes ces preuves, je crois les avoir surabondamment établies pour pouvoir dire :

Le remède réparateur, tout le Monde le comprendra, tous nos Législateurs l'approuveront,

C'est le rachat immédiat des concessions houillères ;

C'est l'indemnité due aux tréfonciers ;

C'est l'amodiation au concours ;

C'est un tarif humanitaire et rémunérateur, c'est une caisse réparatrice et de retraite pour ces pauvres infortunés dont la vie, menacée à

chaque minute, est vouée au service de la
SOCIÉTÉ.

POSER LA QUESTION, C'EST LA RÉ-
SOUDRE.

MÉMOIRE

PRÉSENTÉ

AU ROI,

Par les Propriétaires des Mines de Charbon de Roche-la-Molière, et de Firminy, département de la Loire;

1º Pour demander le rapport de la concession, en raison du défaut d'exécution de la loi, des réglemens et des traités, de la part des Concessionnaires;

2º Pour supplier Sa Majesté de proposer le rapport de la loi du 25 avril 1810.

Cujus est solum, ejus est cœlum et profundum.

Cout. Paris.

———

Sire,

C'est au moment même de son arrivée au trône, que Charles X étend ses regards sur le droit sacré de la propriété, qu'il le favorise comme un principe immuable d'ordre public; c'est dans une circonstance si favorable et si belle, qu'il peut être permis à une portion saine et notable de son vaste royaume, d'établir qu'une jurisprudence incertaine, et qui n'a pu appartenir qu'au moment où elle a été imaginée, a torturé l'article le plus important du droit commun, pour en faire ressortir, à l'aide de faux argumens, la faculté d'enlever aux habitans du département de la Loire, à tous les propriétaires des houillères, le produit du sol qui leur a été transmis par leurs ancêtres.

On a cherché à mettre en avant l'intérêt de l'Etat, pour faire deux propriétaires de la même chose, du même objet, en donnant le fond à l'étranger qui serait favorisé, et en arrachant ainsi au titre primitif, au droit éternel et sacré, son véritable produit, sa destination innée.

Il est difficile que lorsqu'il y a bouleversement de principes, il soit possible, même aux germes d'usurpation de se développer, d'arriver à d'heureux résultats, à une maturité certaine ; et ces vérités constantes ont tellement produit leur effet à l'égard des concessionnaires des houillères de Roche-la-Molière et de Firminy, qu'ils n'ont pas su profiter des avantages immenses que leur procurait une loi faite absolument dans leur intérêt, qu'ils s'en sont même exclus, et que dans les départemens qui viennent déposer leurs justes réclamations au pied du trône, les possesseurs de concessions ne peuvent continuer leurs exploitations, parce qu'ils n'ont pas exécuté la loi et les règlemens préparés pour établir leur fortune.

Les propriétaires des houillères ont l'espoir fondé que CHARLES X, à l'exemple de ses prédécesseurs, se fera représenter tous les documens qui existent sur cette branche essentielle de l'administration publique, et qu'il y verra qu'une partie nombreuse de ses fidèles sujets sont dépouillés de leurs moyens d'existence, sans intérêt pour l'Etat, que la voix des propriétaires, arrivant à l'oreille de Sa

Majesté, par les sources les plus pures, sera favorablement entendue, surtout quand des députés si dignes de la confiance publique et de leur mission, porteront ce cri universel et tellement répété, qu'il n'a pu être étouffé tout à fait, que plusieurs des faits principaux ont déjà fixé l'attention de l'*Administration supérieure*.

Les propriétaires qui demandent justice ne seront pas taxés d'exagération, d'habitudes turbulentes ; tous ont donné des preuves de leur amour pour le souverain, de leur attachement à l'auguste dynastie, de leur volonté pour tout ce qui est stable, pour tout ce qui doit durer éternellement ; et c'est avec cette sécurité, avec ce caractère constant et soutenu, qu'ils viennent réclamer aujourd'hui avec quelque confiance, parce qu'ils ont toujours compté sur leur réintégration dans leurs droits de propriété.

De si puissants intérêts embrassent nécessairement un grand nombre de faits : c'est de leur classement méthodique que doit résulter un examen plus facile, une décision plus déterminante et une solution plus prompte. Ce sera pour parvenir à ce but que notre travail se divisera en quatre parties tout à fait distinctes, quoiqu'elles se trouvent liées par les rapports qui existent entre elles.

Nous traiterons :

1° De l'objet des réclamations et des avantages qui résulteraient, pour l'Etat et pour le pays, de laisser l'exploitation aux propriétaires ;

2° Du droit de propriété et de la fausse interprétation du droit commun ;

3° Des funestes effets produits par la loi du 21 avril 1810 ; des vœux des habitants pour provoquer son rapport ;

4° De l'inexécution des traités et des infractions multipliées, qui ont enlevé aux concessionnaires tous leurs droits, même d'après la législation existante.

PREMIÈRE PARTIE.

De l'objet des réclamations et des avantages qui résulte-raient pour l'Etat et pour le pays, de laisser l'exploita-tion aux propriétaires.

§ 1ᵉʳ. *Objet des réclamations.*

La violation des principes et les abus sur le mode de concession de l'exploitation des houillères mal à propos confondues avec les mines, sont on ne peut plus multipliés, surtout depuis qu'on a fait l'application de la loi du 21 avril 1810 ; le législateur lui-même a été trompé, il n'a pu atteindre le but qu'il s'était proposé, en annonçant que *l'action de l'Administration générale agirait sur ces nou-velles propriétés sans gêner le possesseur dans l'exercice de son droit, et même de sa volonté, en usant de l'ascen-dant des lumières, et non de l'influence de l'autorité, en persuadant sans contrainte.*

Cette annonce persuasive n'a reçu nulle part sa juste application ; partout le désordre a été jeté dans l'Adminis-tration, la loi elle-même a été noyée dans des règlemens qui n'ont pas été suivis.

L'attention se fixera plus sur les houillères situées dans le département de la Loire ; et quoique le vœu de toute la population des divers arrondissemens soit généralement exprimé, nous ne parlerons, dans ce Mémoire, que des concessions de Roche-la-Molière et de Firminy.

L'Administration supérieure, déjà instruite d'une grande partie des abus, viendra sans doute à notre secours, parce que son équité et ses lumières lui démontreront que les ordonnances royales du 19 octobre 1814 et 30 août 1820 n'ont pas été exécutées.

Une discussion solide, mais pleine de modération, sera la seule arme que les propriétaires emploieront pour établir leurs droits et justifier leur défense.

Depuis très-longtemps, une étendue de terrain qui comprend *près de neuf lieues*, est livrée à la merci des spéculateurs qui trafiquent tour à tour sur le produit du sol du propriétaire paisible, le laissent en but à toutes les incertitudes qui sont le résultat nécessaire de mutations nombreuses et intéressées, de traités et de sous-traités, qui rendent sa position plus fâcheuse que celle d'un fermier ordinaire, qui possède au moins avec toute sécurité, et qui est assuré du produit de ses récoltes, en s'acquittant de ses obligations.

Depuis longtemps, le propriétaire des houillères n'est que le spectateur des ravages commis sur la superficie de sa terre, qui ne lui rapporte presque rien, tandis que des étrangers viennent s'enrichir du produit du tréfonds.

Si nous devons rappeler l'ancienne et la nouvelle législation, ce ne sera que parce que les rapprochemens donneront des développemens utiles à nos moyens, pour prouver que tous les intérêts doivent trouver les garanties auxquelles ils ont droit, et pour établir également que les concessionnaires, en profitant de tous les avantages qui auraient dû appartenir au propriétaire du sol, ont perdu de vue toutes les obligations que la loi leur imposaient, quoiqu'elles fissent partie essentielle de leurs titres primitifs.

Dans l'ancienne législation, il fallait de graves motifs d'utilité publique, pour déroger au droit commun : à cette époque, les mines de houilles se trouvaient exceptées, notamment par l'édit du mois de juin 1601. On est porté à croire que la concession de Roche-la-Molière et de Firminy a été faite, dans l'origine, en vertu du droit de souverai-

4

neté, qui alors n'était pas admis dans son action sur la propriété.

Dès cette époque, déjà bien reculée, elle éprouva la plus vive opposition, non-seulement de la part des propriétaires de la surface qu'elle dépouillait, mais encore de la part des maires et échevins de la ville de Saint-Etienne, des Bureaux de la Commission intermédiaire. On peut se faire une juste idée de l'opinion manifestée par la lecture des cahiers des Etats (1).

Alors ces avis multipliés, arrivant unanimement, produisirent un tel effet que l'Intendant de Lyon ne fut pas favorable à la concession ; dès lors elle fut révoquée dans la personne du sieur Rousseau, qui d'abord l'avait obtenue; et ce qu'il y a de remarquable, c'est que M. le Duc de Charost, qui avait lui-même présenté la requête, pour démontrer l'injustice et même l'illégalité de cette concession, l'obtint pour son propre compte, et la subrogea ensuite à M. le Marquis d'Osmond.

Des débats, des plaintes multipliées, des incidents sans nombre, s'élevèrent de nouveau, tant sur les limites que sur les indemnités ; et tout était encore dans la confusion, lorsque la loi du 28 juillet 1791, vint déterminer les bases d'une législation qui, tout en conservant une grande partie des avantages réservés d'abord par le droit *régalien*, et en-

---

(1) Extrait du cahier du tiers-état de la sénéchaussée de Lyon :
« Nous osons espérer, et nous demandons avec instance l'abolition
» de ces concessions trop fréquentes, qui, en assimilant contre tous
» les principes les carrières de charbon de terre aux mines, dé-
» pouillent les propriétaires de leur héritage, pour en investir un
» concessionnaire, qui revend le plus souvent au propriétaire qu'il
» a dépouillé, le droit d'exploiter sa propre carrière. C'est à cet
» abus que nous devons le renchérissement du charbon de terre
» dans nos provinces, où la rareté du bois à brûler se fait sentir
» depuis longtemps. »

suite par le droit de souveraineté, se bornait à une action
de surveillance et à l'intervention de l'autorité, pour l'ouverture de l'exploitation des mines ; elle accordait même
aux propriétaires de la surface, la jouissance de celles qui
pouvaient être exploitées, ou à tranchées ouvertes, ou avec
fosse et lumière, jusqu'à 100 pieds de profondeur.

Elle énonçait de plus que les concessionnaires dont la
concession avait eu pour objet des houillères découvertes
et exploitées par des propriétaires, seraient déchus de leur
concession, à moins qu'il n'y ait eu de la part desdits
propriétaires, *consentement libre*, légal et par écrit, formellement confirmatif de la concession.

Les choses étaient dans cet état ; le torrent de la révolution qui dévorait tout, avait respecté les droits des propriétaires des mines ; car lorsque des concessionnaires avaient
été assez heureux pour obtenir la préférence, ils ne pouvaient, comme aujourd'hui, tourmenter les propriétaires
par la crainte de n'exploiter que dans les parties qui leur
conviendraient, et aux conditions de ne leur payer qu'une
portion de la redevance s'ils n'entraient en composition
avec eux, attendu qu'ils étaient retenus par les articles 14
et 15 de la loi, qui prononçaient la déchéance de ces concessions ou permissions, si les travaux n'étaient pas mis
en activité dans les six mois, au plus tard, à dater des
concessions accordées par le Gouvernement, ou s'il y
avait eu cessation de travaux pendant un an.

Cette loi avait aussi particulièrement reconnu que l'objet
des concessions ne serait pas d'une trop grande étendue et
l'instruction du ministre de ce temps portait que *ce serait
une monstruosité révoltante et destructive de l'industrie
qu'une concession qui présenterait une trop grande surface.*

Ce principe, qui renferme tant de vues sages et utiles,

et qui appartient, à si juste titre, à l'économie politique, n'a pas été suivi dans le département de la Loire.

§ II. *Des avantages qui résulteraient, pour l'Etat et pour le pays, de laisser l'exploitation aux propriétaires.*

En examinant avec une scrupuleuse attention l'ordonnance du 19 octobre 1814, comparée aux articles 7 et suivans de la loi du 21 avril 1810, on voit facilement que les clauses et conditions portent avec elles le caractère d'une transaction, et prouvent que le Roi a voulu que l'exercice des droits dans lesquels le concessionnaire avait été maintenu, fussent conciliés avec toutes les modifications que réclamaient les propriétaires de la surface, la régularité des exploitations, le besoin des consommateurs, la nécessité de remplir les conditions imposées, et qui forment la base du contrat.

Maintenant nous allons démontrer qu'aucun des engagemens n'a été tenu envers les propriétaires ; que les formalités les plus substantielles et les plus essentielles voulues par les règlemens, ont été omises ; qu'ainsi les concessionnaires ont rompu eux-mêmes le contrat, et ne peuvent plus exiger des droits qui n'étaient que la conséquence de son exécution, de leurs promesses et du traité.

Il nous sera trop facile de prouver que les intentions du Roi, manifestées par les ordonnances des 19 octobre 1814 et 30 août 1820 ont toutes été enfreintes. L'article 11, entre autres, porte que le concessionnaire sera tenu d'exploiter selon les règles de l'art, de se conformer aux règlemens intervenus et à intervenir, de suivre le plan qui sera tracé par l'administration et approuvé par le Ministre de l'Intérieur, sur le rapport du directeur général. Ces conditions qui font la base du titre de la concession qui tendaient à

assurer des droits aux propriétaires, ont-elles été remplies?
Ont-ils reçu les indemnités qui leur avaient été réservées ?

Le réglement de la redevance en nature, prescrit par le
titre 3 arrêté en Conseil d'État, n'a-t-il pas été éludé ?

Est-il bien prouvé, au contraire, qu'au mépris de tous
les droits et de toutes les conventions, les concessionnaires, foulant aux pieds les observations les plus justes
des propriétaires, sont allés trouver les habitans pauvres
et les moins instruits pour arracher à leur misère et aux
besoins qui les pressaient le consentement d'atténuer le
montant de la redevance sous la menace de ne pas exploiter sous leurs champs dans le cas où ils ne souscriraient
pas à de pareilles conditions ?

C'est avec de telles manœuvres, qui ne pourraient
obtenir l'assentiment des possesseurs des grandes propriétés
et des hommes instruits, que les travaux se sont portés
sur de faibles portions. Les hommes les plus influens du
pays par leur position se sont vus privés de l'une des
parties les plus importantes de leur fortune et livrés au
caprice intéressé d'étrangers privilégiés.

Lorsque les concessionnaires sollicitaient vivement leur
réintégration dans la jouissance de Roche-la-Molière et
de Firminy, ils promettaient cette redevance en nature, et
ils devaient justifier de la possibilité de faire face à
une aussi vaste entreprise.

L'inexécution des ordonnances et règlemens ne s'est
pas bornée à tous les objets qui intéressent les propriétaires, dans cette fausse opération, l'administration publique
a été également trompée, ses intentions ont été travesties ;
car les art. 3, 6, 9 et 10 de l'ordonnance royale du 19 octobre 1814, et l'ordonnance de 1820, avaient eu pour objet
de pourvoir à la conservation des mines, à celle des travaux et au besoin que les consommateurs pouvaient exiger.

« L'article II portait que le concessionnaire serait tenu
» de se conformer aux règles de l'art., aux règlemens
» intervenus et à intervenir sur le fait des mines. L'auto-
» rité supérieure devait en même temps coordonner conve-
» nablement les travaux existans avec les travaux en
» grand que le concessionnaire devait entreprendre sur
» chacun des deux systèmes de couches de Roche-la-
» Molière et de Firminy. »

L'art. 13 énonçait positivement qu'en attendant que la
grande exploitation dans le bassin de Firminy fût en
activité, le concessionnaire serait tenu de réserver et
d'exploiter un nombre de fosses suffisant pour que la
houille ne manquât point au marché de Firminy.

Si aucun de ses articles principaux n'a reçu son exécution, peut-on admettre que le concessionnaire ait
rempli ses obligations ? peut-il forcer le propriétaire à
attendre sa volonté, à se soumettre à ses spéculations, à
ses caprices, et à ne pas jouir de ses droits ?

Le droit de propriété donné au concessionnaire, ne
peut être incommutable qu'autant qu'il remplira les
conditions qui le lui ont fait concéder. Lui serait-il attri-
bué de pouvoir répondre aux sages observations des
propriétaires qu'il n'exploitera que dans dix, vingt, trente
ans, ou pour leurs arrière-neveux ?

Lors même que la loi de 1810 conserverait toute son
autorité, en contravention au vœu de la *Charte*, *art*. 10,
la question serait encore jugée contre les prétentions du
concessionnaire ; et pour bien se pénétrer de cette vérité,
il suffirait de s'en rapporter aux motifs qui ont accompagné cette présentation de loi. Le Conseiller d'État Regnaud
de Saint-Jean-d'Angely, chargé de porter la parole,
s'exprimait ainsi : « *La concession n'est proprement*
» *qu'une autorisation, qu'un bail, un privilége ;* elle

» donne le droit d'appliquer son travail, ses capitaux, son
» industrie, à l'exploitation d'*une mine dont la propriété*
» *réside en d'autres mains.* »

Si, pour s'emparer de la propriété de la mine, on est
sorti des règles du droit commun, il est bien permis d'y
rentrer pour l'usage que peut en faire le concessionnaire ;
et, ne pouvant s'attribuer d'une manière déterminée la
propriété du fonds, il serait considéré comme simple usu-
fruitier, et assujeti à toutes les obligations prescrites par
la section 2 et 3 du titre 3, liv. 2, du code civil. Alors,
l'art. 618 serait particulièrement applicable dans l'espèce,
puisque l'usufruit peut aussi cesser par l'abus que l'usu-
fruitier fait de sa jouissance, soit en commettant des
dégradations sur le fonds, soit en le laissant dépérir, faute
d'entretien.

D'un autre côté, si on examine la nature de l'acte de
concession, on voit clairement qu'il appartient à la classe
de ceux qu'on nomme *synallagmatiques.*

D'une part, le Gouvernement y stipule, au nom de la
Société, les intérêts généraux ; et de l'autre, M. d'Osmond
stipule en son nom ses intérêts particuliers : or, il est de
ce principe, dans ces sortes de contrats, que le défaut
d'exécution des engagemens de l'une des parties opère la
résolution des engagements de l'autre, et les remet dans le
même état qu'auparavant. M. le marquis d'Osmond, et,
bien plus encore ses cessionnaires, n'ayant pas rempli les
obligations imposées par l'acte de concession, et qui en
ont été le prix et la base intrinsèque, ont provoqué eux-
mêmes cette résolution : le Gouvernement doit donc leur
retirer cette concession.

Les motifs qui intéressent essentiellement les propriétaires ne sont pas les seuls propres à déterminer la décision
d'un gouvernement sage et éclairé. L'avidité des conces-

sionnaires actuels, a des inconvéniens plus graves, et qui tiennent de bien plus près à l'intérêt général.

On avait persuadé à l'administration supérieure que la concession de Roche-la-Molière et Firminy ne devait s'opérer que par l'établissement d'une très-grande exploitation, qui éviterait les inconvéniens et même les dangers des concessions partielles ; le Gouvernement a été trompé. Les concessionnaires, au lieu de régulariser ces exploitations, conformément à la marche que l'administration en avait arrêté, d'après le rapport des ingénieurs ; au lieu d'asseoir leurs travaux sur les mines conservées, de les suspendre sur les mines provisoirement fermées, d'abandonner celles qui étaient définitivement condamnées, n'ont fait que perpétuer et aggraver, d'une manière sensible, les abus auxquels ils avaient promis de porter remède en recherchant la concession. Mais à peine leur jouissance a-t-elle été commencée, que les plaintes les plus graves sont parvenues à l'autorité sur la mauvaise administration des mines concédées de Roche-la-Molière et de Firminy.

Peu de temps après, ces plaintes furent suivies par le plus déplorable événement, qui bouleversa une des mines les plus importantes de la concession, et faillit engloutir sous ses débris 72 ouvriers qui y travaillaient.

Nous demandons à MM. les Concessionnaires si ces faits sont bien avérés ; le véritable propriétaire aurait par de sages précautions prévenus ces malheurs, ces dommages si étendus, si irréparables, les concessionnaires étrangers au sol les ont dédaignées quoiqu'ils eussent été avertis.

Ces funestes accidens auraient peut-être une autorité moins grande, s'ils n'étaient transmis à l'administration et au public, que par l'organe des propriétaires.

Mais un rapport officiel de MM. les Ingénieurs offrira quelque chose de plus certain et de plus frappant, le voici :

« Tout le champ d'exploitation et une étendue très-
» considérable d'une couche de houille importante par sa
» puissance, par la qualité de son combustible, par la
» solidité de son toit, ont été rendus peut-être à jamais
» inaccessibles par suite de cet éboulement, et on peut
» évaluer au moins à plusieurs centaines de milliers de
» quintaux métriques, la quantité de houille engloutie
» sous les décombres.

» La mine de la Grille était en ce moment l'unique
» ressource de la contrée de Roche : l'accident du 14
» août, en anéantissant, pour ainsi dire, cette exploitation,
» dont il est bon d'ajouter que la ruine fut en effet con-
» sommée par un nouvel éboulement, le 28 novembre
» suivant, non seulement ravira à la société ses produits
» abondans, mais encore privera de travail une multitude
» d'ouvriers, de voituriers qu'elle alimentait. Nous ne
» parlons pas ici des dégâts qui peuvent être commis à la
» surface par suite de cet éboulement. Mais les suites
» fàcheuses de cet éboulement ne se bornent pas là :
» l'explosion qui éclata le 8 juin dernier (1821), à la
» mine de la Tour, et qui en bouleversa les travaux
» souterrains, les abus des autres exploitations superfi-
» cielles, suivies à Roche-la-Molière et à Firminy, dites
» mines puits Perrin, les Razes, la Chamblière, dont les
» unes ont été inondées entièrement, dont les autres ont
» donné lieu à des dégâts à la surface, et ont déjà engen-
» dré des procès entre les exploitans et les propriétaires,
» semblent, avec les événemens d'aujourd'hui, justifier
» les inquiétudes que la trop fameuse concession des
» mines de Roche et Firminy a excitées depuis si long-
» temps dans le pays.

» Le régime des concessions, si repoussé jusqu'aujour-
» d'hui par l'opinion publique de la contrée, et cependant si

» salutaire et si hautement désirable, semble être condamné
» dans ses résultats par les faits. Des haines et des préven-
» tions, malheureusement trop récentes encore, se réveillent
» et reprennent leur activité. Il est pénible de voir que la
» première application de la loi du 21 avril 1810, dans le
» pays, semble ainsi démentir ses principes, et il est
» extrêmement malheureux que cette première applica-
» tion, au lieu des bienfaits et des résultats heureux qu'on
» avait droit d'en attendre, n'amène que haines, que
» dissentions et surtout dévastations des richesses miné-
» rales. Espérons que l'exécution du plan général d'ex-
» ploitation, qui sera ordonné par S. Ex. le Ministre de
» l'Intérieur, en exécution de l'ordonnance du 19 octobre,
» mettra fin *à ces abus et à ces dilapidations.* »

Que vont répondre les concessionnaires ou plutôt qu'ont-
ils répondu à ces faits, qui décèlent si ouvertement et leur
inexpérience et le besoin de se former des capitaux, au
risque d'engloutir et de voir périr, sous leurs yeux, le
laborieux et industrieux ouvrier qui leur aurait préparé
les sources de fortune.

Y a-t-il réellement infraction, lorsque des exemples si
malheureux les accusent.

Naguère sur la grande route de St-Étienne, au point dit
du Breuil, à l'instant même où la diligence, remplie de
voyageurs, venait de traverser cet endroit, un négociant
de Saint-Étienne, sortant du bourg de Firminy, fut
englouti avec son cheval dans une fondrière profonde qui
se forma tout d'un coup. Le voyageur, il est vrai, fut
sauvé comme par miracle ; mais le cheval et la valise
précieuse disparurent pour jamais.

Quelques années auparavant, au village de la Ricamarie,
proche le bourg du Chambon. une maison s'écroula si
subitement, que ceux qui l'habitaient n'eurent que le

temps de se sauver ; et tout leur mobilier fut englouti. A
la porte de St-Étienne, un accident presqu'aussi fâcheux a
manqué de détruire de fond en comble l'asyle d'une pauvre
famille.

A Rivedegier, capitale de l'industrie houillère, l'hôtel
de la Compagnie du canal de Givors, le plus vaste et
magnifique de la contrée, a failli être renversé même
avant sa confection ; et malgré les remèdes que d'habiles
architectes ont tâché d'y apporter, il ne se soutient plus
que par artifice et fait craindre pour sa ruine.

A Roche-la-Molière, un étang a été desséché ; et cette
perte est la suite d'une exploitation vicieuse.

Enfin on ne finirait pas si on voulait signaler tous les
désastres causés par l'inexpérience et l'incurie des concessionnaires.

Il est facile de concevoir que, dans les siècles précédens,
lorsque l'usage et le produit des houillères, ainsi que les
moyens d'exploitation étaient à peine connus, l'autorité
souveraine ait pris sur elle de rechercher des hommes
propres à féconder les sources de tant de richesses. Mais
alors c'était aux savans les plus instruits, les plus exercés
dans cette partie, que l'on confiait ces importans travaux,
tout en garantissant les droits des propriétaires du sol.

Les accidens qui mettent en dangers la vie des ouvriers,
n'étaient pas connus. On ne savait pas que les mines de
houille et de charbon de terre formeraient un jour l'étude
particulière des principaux savans de l'Europe. Le premier réglement, et le plus sage qui ait été rendu, est de
1744 ; il fut renouvellé, par Louis XVI, le 19 mars 1783.
Il porte en subtance :

Qu'il ne pourrait être ouvert qu'avec précaution, pour
la sûreté des ouvriers, des puits dans les mines de houille
ou de charbon de terre, et, qu'à cet effet, ils seraient

étrésillonnés de dedans en dedans, et contretenus de bons poteaux de bois, et cuvelés de forts madriers ; que tous les poteaux et étrésillons seraient, autant qu'il se pourrait, de bois de chêne ; que les madriers ou planches servant à doubler ou cuveler lesdit puits, s'ils sont d'autres bois que de chêne, auraient au moins deux pouces d'épaisseur, et qu'il y aurait un puits dans chaque mine, où l'on planterait des échelons pour l'entrée et la sortie des ouvriers ;

Que lorsque les mines pourraient être exploitées par des galeries de plain-pied en entrant dans les montagnes où elles se trouveraient situées, les ouvertures desdites galeries, si elles ne pouvaient être taillés dans le roc de bonne consistance, seraient revêtus de maçonnerie, ou étayées si solidement qu'elles pussent être fréquentées avec toute sûreté.

Maintenant des concessionnaires dignes de la confiance du Gouvernement, peuvent trouver, par suite de l'introduction des machines à vapeur, qui se sont multipliées, les meilleures ressources pour exploiter avec plus de promptitude et d'économie.

Le règlement prescrit d'ailleurs grand nombre d'autres précautions tendant toutes également à prévenir les accidents qui mettent souvent en danger la vie des ouvriers.

Tous ces propriétaires, industrieux et instruits, se sont pénétrés de la sagesse de ces réglemens. Ils sont beaucoup plus intéressés à leur maintien et à leur exécution, parce qu'en agissant ainsi, ils prépareraient un avenir heureux pour eux et leurs enfants, tandis que des concessionnaires étrangers ne considèrent que l'appât du gain et s'occupent fort peu de la solidité de l'édifice, comme l'ont prouvé nos concessionnaires de Roche-la-Molière et de Firminy, puisque partout il y a eu des malheurs et des excavations.

La discipline dans des ateliers souterrains, maintenue si sévèrement par les anciens réglemens de nos Rois, sera toujours bien plus facile pour le propriétaire qui a de la prépondérance et une espèce d'autorité dans le pays même : sa voix paternelle sera toujours bien plus facilement entendue de celui qui en a contracté habitude, que celle d'un agent subalterne étranger, qui n'entraîne avec lui aucune suite d'idées et de rapports.

Sous un autre point de vue, et dans l'intérêt même de l'Etat, en considérant les choses dans l'ordre des chances de la nature et du temps, n'est-il pas simple de supposer que celui qui a la propriété du fonds et du tréfonds, offre un principe de conservation sur tout ce qui l'entoure, et présente plus de garantie sur la terre natale que l'étranger qui en portera le produit dans d'autres contrées. Mais, en supposant même que le concessionnaire imprime, soit par son exactitude, soit par sa réputation, soit par ses richesses, une très bonne opinion sur son compte, qu'il ait assez d'expérience, assez d'habileté pour favoriser une bonne exploitation, ne peut-il pas arriver que la mort le frappe tout-à-coup, qu'il ne laisse que des enfants mineurs en bas âge, une fortune embarassée ?

Et, dans une circonstance qui peut se renouveller à toutes les époques de la vie, quel sera donc le sort du propriétaire de la superficie, celui de l'exploitation de la mine, celui du grand nombre d'ouvriers, de ces êtres industrieux, qui, pour rapporter le soir le fruit d'un pénible labeur à leur famille, vont dans les souterrains s'exposer à des dangers que la prudence ne peut pas toujours prévenir.

Attendra-t-on la liquidation, les partages, la majorité, l'issue de tous les procès qui viendront s'élever à l'occasion de cette partie de l'hérédité qui aura rapport à l'exploitation de la mine ?

La sollicitude de l'administration locale, pénétrée des malheurs qu'occasionnerait un abandon subit, provoquera les tuteurs, les curateurs ; mais il faudra souvent aller les chercher à 200 lieues, perdre un temps utile et précieux pour l'entreprise, tandis qu'auprès des propriétaires du fonds et de la superficie, l'Etat et la société trouveraient à l'instant des garanties pour la continuité de l'exploitation et la non interruption des travaux, au moyen d'une simple assemblée de famille, de la nomination d'un administrateur gérant, attendu que l'autorité locale, soit administrative, soit judiciaire, n'aurait qu'à établir un calcul aisé et facile sur les dépenses et les produits, et qu'ici le véritable intérêt du fonds et du tréfonds régulariserait les mesures qu'il y aurait à prendre.

Ainsi, sous ce rapport, la loi de 1810 a manqué tout-à-fait le but qu'elle s'est proposé d'atteindre.

Il faut bien remarquer ici, que les propriétaires n'entendent et ne prétendent exclure personne du droit de participer à une concession avantageuse, ni vouloir, dans le cas où la préférence leur serait accordée, se soustraire à aucune des obligations qui leur seraient imposées par les lois et les réglemens de l'administration publique. Comme d'après les faits, ils n'établissent aucun doute sur la déchéance des concessionnaires actuels, qui ont amené eux-mêmes la nullité de la concession par suite de non exécution de l'acte bien démontrée, ils prouveraient que lors même que les concessionnaires auraient rempli toutes les conditions qui leur ont été imposées, auraient tenu à toutes les belles promesses qu'ils on faites, qu'il était impossible de maintenir et de concentrer dans une seule main une exploitation aussi importante et d'une aussi vaste étendue que celle de Roche-la-Molière et de Firminy, qui comporte de 58 à 59 kilomètres en carré.

Le Gouvernement en a jugé ainsi par la division qu'il vient de faire opérer dans les concessions de Saint-Etienne.

Cette concession serait même en contradiction à la loi du 21 avril 1810, dont nous avons démontré les déplorables effets : cette loi et les motifs qui l'ont accompagnée, ne voulaient pas que les concessions fussent d'une aussi vaste étendue.

On peut former six concessions partielles sur la surface des neufs lieues environ qu'embrasse celle qui a été donnée au duc de Charost, exploitée à présent par le sieur Baude ou à ses commettans. Ce mode de concessions partielles serait plus avantageux pour l'État et pour les propriétaires, qui auraient de préférence la chance de l'adjudication, si, par le fait, ils étaient reconnus aptes par le Gouvernement à exploiter sur leur terrain et par leurs propres moyens (1).

_____

(1) Les hommes d'État, qui font partie de l'administration supérieure, à laquelle s'adressent les propriétaires des houillères de Roche-la-Molière et de Firminy, reconnaîtront facilement que les réclamans n'entendent pas s'élever contre le système des concessions qui ont donné un si grand développement à l'industrie française, et qui ont produit de si beaux résultats ; une seule comparaison suffirait pour donner un solide appui à leurs prétentions. Les mines d'Anzin (par exemple), d'une profondeur de 1,000 à 1,300 pieds, et qui, à ce qu'on assure, ont coûté 14 millions et 22 ans de travaux, avant de parvenir à extraire du charbon, ont des concessionnaires qui ont acquis des droits réels au titre qu'ils ont obtenu ; tandis qu'à Roche-la-Molière et Firminy, le sieur Baude ou ses prédécesseurs n'ont fait ni recherches ni frais, puisque le charbon s'aperçoit à la superficie, et que dès lors, l'exploitation est on ne peut plus facile.

DEUXIÈME PARTIE.

*Du droit de propriété et de la preuve de la fausse
interprétation du droit commun.*

En 1814 et 1816, plusieurs députés ont demandé
l'abolition de la loi de 1810, pour faire revivre, avec
quelques modifications, la loi plus sage de 1791.

Il est très-vrai que quelques ordonnances, rendues il y
a quatre ou cinq siècles, portent que les Rois, dans
l'intérêt de leurs sujets et des propriétaires, avaient d'abord
confié le titre de surintendant-général des mines, ou de
grand-maître, entre autres en juillet et en août 1503,
d'abord à Jacques-François de La Roque, seigneur de
Robertval, et ensuite à M. le chevalier D'Anican ; mais
les droits des propriétaires étaient toujours réservés, et les
exploitations avaient un terme déterminé, et préalablement
les propriétaires des terres devaient recevoir des indemnités équivalentes.

Les principes qui consacrent le droit de propriété ont
appartenu à toutes les législations ; Montesquieu s'exprimait ainsi (1) :

« Posons pour maxime que lorsqu'il s'agi du bien
» public, le bien public n'est jamais qu'on prive un par-
» ticulier de son bien, ou même qu'on lui en retranche la
» moindre partie, par une loi ou un règlement politique.
» Dans ce cas, il faut suivre à la rigueur la loi civile, qui
» est le *paladium* de la propriété ;

» Ainsi, lorsque le public a besoin des fonds d'un
» particulier, il ne faut jamais agir par la rigueur du droit

(1) Esprit des lois, liv. 26, chap. 15.

» politique ; mais c'est là que doit triompher la loi civile,
» qui, avec des yeux de mère, regarde chaque particulier
» comme toute la cité même ;

» Si le Magistrat politique veut faire quelque édifice
» public, quelque nouveau chemin, il faut qu'il indem-
» nise ; le public est à cet égard comme un particulier
» qui traite avec un particulier. C'est bien assez qu'il
» puisse contraindre un citoyen de lui vendre son héritage,
» et qu'il lui ôte ce grand privilége qu'il tient de la loi
» civile, de ne pouvoir être forcé d'aliéner son bien. »

D'abord l'autorisation d'exploiter n'avait été donnée que
pour l'or, l'argent et les minéraux, et le charbon ne s'y
trouvait pas compris. D'après tous les principes du droit
public et d'après la Coutume de Paris, les minières font
partie de la terre. Les Institutes donnent le trésor au
propriétaire du champ dans lequel il est trouvé : *Thesauros,
quos quis in loco suo invenerit, Divus Adrianus natura-
lem œquitatem secutus, ei concessit qui eos invenit.*

Charles VI, dans son édit du 30 mai 1413, dit précisément qu'il est obligé de maintenir et garder ceux qui
exploitent les mines, de les faire vivre franchement et
sûrement, à raison du dixième que les propriétaires de ces
mines lui donnent ; et ajoute-il, c'est pour réprimer les
vexations des seigneurs hauts-justiciers, qu'il fait la loi.

Les Ordonnances du 30 mai 1413, 1441, 1563, 1601,
1648, ont toutes consacré, dans la main du tenancier, la
propriété des mines de charbon.

Henri IV, par son Édit de 1601, exemptait nominative-
ment les carrières de charbon du droit de dixième.

L'arrêt du Conseil de 1678 avait dispensé les propriétaires des carrières de charbon, d'obtenir des permissions
d'ouvrir, ce qui prouve que la force de la propriété avait
balancé le droit même de la police que nous croyons

5

nécessaire dans une exploitation dont l'usage intéresse le
public (1).

On avait toujours fait une grande différence entre les
mines et les houillères. On peut avoir quelque incertitude
sur le véritable propriétaire des mines qui produisent des
métaux ; comme elles se trouvent soumises aux lois de la
métallurgie, elles semblent mériter une administration
différente de celle des carrières de charbon de terre, de
marbre, de plâtre ou de pierre.

Le Créateur de toutes choses a donné à chaque peuple,
à chaque climat, des richesses et des moyens d'existence.
Peut-on les enlever à ceux qui se trouvent établis dans la
contrée qui leur est départie, quand le produit de la terre
semble leur être réservé, leur avoir été indiqué par le doigt
puissant de la Providence, de même que quelques contrées
sont dotées par le blé, la vigne ou d'autres produits également précieux? Les mines de charbon ont été réparties
au département de la Loire, et on sait que par la nature
de son sol il a été privé de bien d'autres produits qui font
la richesse des autres contrées.

L'expérience a fait elle-même justice de l'application de

(1) La Régie des Domaines et de l'Enregistrement a reconnu
elle-même à différentes fois ce principe, que la propriété du Tréfonds devait résider en la personne du propriétaire du fonds. Le 23
mai 1814, le sieur Magnard est resté adjudicataire, moyennant
29,700 fr., du domaine de Villebœuf, situé en la commune de
Saint-Genest, arrondissement de Saint-Etienne, département de la
Loire. Cette adjudication, qui eut lieu à la requête de l'agent du
Trésor public, par suite d'une saisie sur les héritiers Louis Bussart,
comptable, porte, article 9 du bref : « Pré de la Fontaine, dans
» lequel existe une carrière de houille, exploitée par les nommés
» Brossard et Guichard. » Presque tous les titres de propriété fournissent les mêmes exemples et la preuve que le fonds et tréfonds
étaient indivisibles.

la loi de 1810 ; et, comme nous l'avons dit, pour parvenir
à la faire adopter, on a altéré et changé le sens du Code
civil. Il suffirait de voir l'art. 552, qui porte que *la pro-*
priété du sol emporte la propriété du dessus et du des-
sous, de faire coïncider avec cette loi, le chapitre premier
du droit d'accession, sur ce qui est produit *par la chose*,
art. 547 des droits ou fruits industriels de la terre.

En laissant la propriété au propriétaire du sol, sous la
condition de se conformer aux réglemens de l'administration existans, le législateur aurait rempli le but de la nature et celui de la justice.

TROISIÈME PARTIE.

Des funestes effets produits par la loi du 21 avril 1810 ;
des vœux des habitans, pour provoquer son rapport
et pour la voir remplacée par des bases conformes à
celles qui avaient été adoptées par la loi de 1791.

D'après la loi de 1791, la jurisprudence se trouvait bien
plus en harmonie avec les lois romaines et avec ce qui se
passe chez d'autres peuples. L'Angleterre, entre autres,
reconnaît ce principe fondamental, que la préférence doit
être accordée au propriétaire du terrain, à moyens égaux
d'exploitation, c'est-à-dire, si sa propriété, seule ou réunie
à celle de ses associés, est suffisante pour y asseoir une
exploitation utile.

À diverses époques, des hommes célèbres ont donné,
sur cette partie assez neuve, des développemens éclairés,
des démonstrations si faciles à saisir, que nous croyons ne
pas sortir du but que nous nous sommes proposé dans
notre Mémoire, en rapportant un passage de l'opinion de
M. Delalandine, député du Rhône.

« L'homme qui s'est mis en société, l'homme qui a
» défriché un champ et se l'est approprié par ses travaux,
» l'homme qui a dit à son voisin : *Faisons un pacte fra-*
» *ternel ensemble ; défends-moi contre l'oppression, et je*
» *combattrai pour te défendre de l'injustice.* » — Comment a-t-il pu ajouter aussitôt : — « *Ma propriété sera*
» *limitée à cette légère couche de terre, à ce plateau hori-*
» *zontal. Je ne pourrai fouiller plus avant que ne*
» *germent les plantes qui me nourrissent ; en vain un*
» *trésor naturel peut être caché sous le terrain, on m'em-*
» *pêchera d'y toucher. Si je creuse une citerne pour ma*
» *boisson, et que dans cette excavation je rencontre des*
» *objets qui peuvent m'être utiles, il est juste qu'on me*
» *défende de les prendre. Il me faut labourer cette sur-*
» *face ; mais si ma charrue a besoin du soc, si le fer, ce*
» *bienfait de la nature, dont l'homme a abusé comme*
» *de tant d'autres, si ce fer, dont j'ai un si grand besoin,*
» *paraît à mes yeux, j'attendrai, pour le façonner à*
» *mon usage, que des étrangers très-officieux viennent*
» *l'extraire, et me le vendre ensuite au prix qu'ils vou-*
» *dront y mettre.* »

Dans la position où nous nous trouvons, il existe des
rapports bien autrement cimentés que ceux qui n'appartiennent qu'au droit naturel ; il s'agit d'une succession de
siècles qui a fait passer légitimement dans les mains des
possesseurs actuels, des héritages qui leur ont été subitement enlevés, *pour créer en quelque sorte des majo-*
rats, pour établir de nouvelles fortunes.

Avec la loi de 1791, soutenue par un règlement d'administration digne de ceux qui peuvent paraître sous le gouvernement de Charles X, les nombreux propriétaires de
mines auraient pu léguer à leurs enfans quelque certitude
sur leur avenir, quelques moyens d'existence probables ;

mais dans l'état actuel, ils n'ont à mettre sous leurs yeux que l'avidité avec laquelle les concessionnaires viendront leur enlever les produits qui, dans l'ordre légal et naturel, devaient leur être transmis de génération en génération.

Après cette loi de 1791, et pour enrichir quelques individus, au risque d'inquiéter et de désoler une portion industrieuse et très peuplée de la France, on est venu proposer la loi de 1810 ; et, comme nous l'avons dit, pour y parvenir il a fallu forcer le texte et le sens littéral de notre législation, et c'est ainsi que le conseiller d'état, chargé de la proposer, s'exprimait à la tribune :

« On a reconnu, d'un côté, qu'attribuer les mines au
» domaine public, c'était blesser les principes consacrés
» par l'article 552 du Code civil, dépouiller les citoyens
» d'un droit consacré, porter atteinte à la grande Charte
» civile, premier garant du pacte social.

» On a reconnu, de l'autre, qu'attribuer la propriété de
» la mine à celui qui possède le dessus, c'était lui recon-
» naître, d'après la définition de la loi, le droit d'user et
» d'abuser, droit destructif de tout moyen d'exploitation
» utile, droit opposé à l'intérêt de la société, qui est de
» multiplier les objets de consommation, de reproduction,
» de richesses ; droit qui soumettrait au caprice d'un seul
» la disposition de toutes les propriétés environnantes de
» nature semblable ; droit qui paralyserait tout autour de
» celui qui l'exercerait, qui frapperait de stérilité toutes
les parties de mines qui seraient dans son voisinage. »

Comment est-il possible d'accorder ensemble de pareilles définitions toutes incohérentes ? D'un côté, on ne veut pas dépouiller un citoyen d'un droit consacré ; de l'autre, on lui enlève tout ce que cette propriété a de plus précieux pour ne pas reconnaître le droit d'user et d'abuser.

Avec un pareil système, aucune propriété ne serait bien

établie dans la main de celui qui la possède, attendu que le concessionnaire, presque toujours étranger au sol, et n'arrivant dans le pays que par l'appât du gain, offre bien moins de garantie et de responsabilité que le propriétaire, sans cesse intéressé à tirer de sa chose le meilleur parti possible. D'après les ordres transmis par un ordre souverain à un sénat muet, on a cherché à persuader que les mines allaient changer de valeur en changeant de main.

En approfondissant cette question tout-à-fait grave, il est impossible de présupposer que les législateurs•de ce temps, presque tous hommes sages et instruits, n'eussent *rien dit s'ils avaient eu le droit de dire quelque chose.* Il est impossible qu'ils n'eussent pas reconnu, avec cet orateur célèbre (1) qui a soutenu la discussion du Code civil, « que la libre et tranquille jouissance des biens que l'on
» possède est le droit essentiel de tout peuple qui n'est
» point esclave ; que chaque citoyen doit garder sa pro-
» priété sans trouble ; que cette propriété ne doit jamais
» recevoir d'atteinte, et qu'elle doit être assurée comme la
» constitution même de l'Etat. *Imperium non includit*
» *dominium feudorum vel rerum quarumque civium.*
» Wolf. *Jus naturæ, part.* 1ª, § 103. »

La force des choses, l'équité, les lumières du ministre et de l'administrateur supérieur de cette partie, sauront prévenir tout le mal que pourrait encore produire cette loi votée en 1810, sans discussion, et reçue dans le silence qui était alors de règle absolue.

Les dispositions de cette loi éveillèrent la cupidité des concessionnaires.

« L'article 51 porte que les concessionnaires antérieurs

---

(1) Portalis.

» à cette loi, deviendraient, du jour de sa publication,
« propriétaires incommutables. »

Les concessionnaires de Roche-la-Molière et de Firminy, firent valoir un arrêt du Conseil du Roi iutervenu en leur faveur le 24 avril 1789, maintenant la concession du 6 février 1786; mais qui, à l'égard des oppositions à ladite concession, ordonnait qu'il serait procédé devant le Conseil.

D'un autre côté, ayant renouvelé leur opposition et formé une demande en nullité de la concession, les parties étaient en instance lorsque l'ordonnance royale du 19 octobre 1814, par laquelle M. le marquis d'Osmond a été déclaré propriétaire incommutable des mines de Roche-la-Molière, fut rendue.

Les propriétaires, qui sont entrés dans de grands détails, auraient pu se borner à faire reconnaître qu'il y a contravention formelle à l'usage et qu'il n'est pas possible qu'il y ait une concession de 59 kilomètres dans un territoire très populeux, le plus riche de la France en houille, dont les habitans ont des usines, ou se chauffent avec ce combustible, ou vivent du salaire qui leur est procuré par l'extraction ; il faut que, sous ce rapport, l'examen régulier et légal n'ait pas été fait dans le temps; *et comme il s'agit d'un fait incontestable, les propriétaires insistent sur ce motif, pour provoquer la révocation de la concession.*

QUATRIÈME PARTIE.

De l'inexécution des traités, et des infractions multipliées qui ont enlevé aux concessionnaires tous leurs droits, même d'après la législation existante.

On peut dire avec raison, dans cette circonstance, que de l'excès des vexations et des maux va renaître un ordre de choses plus régulier et plus en concordance avec les intérêts de tous.

Pour abandonner un fardeau que l'inexpérience et la cupidité seules ne peuvent soutenir, suffirait-il des dangers publics? car, dans le cas contraire, accordant avec l'intérêt général la preuve officielle de l'inexécution de la loi, nous demanderions au concessionnaire s'il n'est pas vrai,

1° Qu'il ait soustraité avec des extractracteurs pour l'exploitation de la mine de la Grille, en contravention de l'article 7 de la loi du 21 avril 1810, et sous la condition de fournir auxdits concessionnaires le charbon à 2 fr. 25 c., rendu au port de Saint-Just, où son prix moyen est de 3 fr. 25 cent.;

2° Que l'exploitation était tout entière à la charge des acheteurs, que leur intérêt était de tirer le plus de charbon avec le moins de frais possible, et sans s'inquiéter des suites qu'une extraction vicieuse pourrait entraîner;

3° Qu'ils avaient été les maîtres de diriger les travaux comme bon leur semblerait, et que jamais aucune observation ne leur avait été faite à cet égard par le concessionnaire;

4° Enfin qu'il ne leur avait été donné aucune connaissance, ni de l'ordonnance du 19 octobre 1814, ni du décret du 3 janvier 1813, dont les conditions leur eussent peut-être fait abandonner leur entreprise.

Qui pourrait croire que des concessionnaires d'un terrain de la plus vaste étendue aient pu chercher à couvrir tant d'irrégularités et tant d'abus par le défaut de connaissance des ordonnances royales et des règlemens qu'ils avaient eux-mêmes sollicités? Il est vraiment fâcheux que personne ne puisse s'y méprendre; car ils connaissaient tout aussi bien la loi qui devait les régir qu'ils connaissaient peu le terrain sur lequel ils ont si mal exploité.

L'Administration supérieure ne pouvait suivre pas à pas les concessionnaires, mais elle jetait de temps à autre des regards de surveillance et d'inquiétude sur tout ce qui se passait. *Rendons hommage à sa sollicitude paternelle ainsi qu'à l'attention constante des autorités locales.*

M. le baron de Chaulieu, premier magistrat du département, aussi éclairé qu'il est impartial, peut être consulté : à l'exemple de son prédécesseur, il a employé tous ses moyens pour parvenir à un meilleur ordre de choses, et ses constans efforts n'ont pu obtenir les résultats qu'il avait le droit d'en attendre.

Le règlement de 1820 fournit une preuve du désir qu'a montré l'Administration, de vouloir prévenir une partie des inconvéniens attachés à l'exécution de la loi de 1810.

Lorsque ce réglement parut, les exactions avaient déjà pris racine, et un concert unanime de toutes les volontés n'a pu en faire opérer la stricte exécution.

L'autorité avait fait former un plan qui indiquait aux concessionnaires toutes les obligations qui leur étaient prescrites dans l'exploitation de leurs concessions ; il portait qu'ils seraient tenus d'ouvrir et d'entretenir en activité, dans le bassin houiller de Roche-la-Molière, deux exploitations, l'une au lieu dit le Vuns, sur la couche dite le Seignat, indiquée par la lettre F dans la topographie souterraine de la Loire; et la deuxième au lieu dit la Chambiljère, sur la couche dite Siméon, indiquée par la lettre G. Deux autres exploitations devaient être également établies et entretenues en activité dans le bassin houiller de Firminy : la première, au lieu dit la Tour, sur la couche dite Grande-Masse, indiquée par la lettre D: et la deuxième, au lieu dit Pré-du-Breuil, indiquée par la lettre E dans la topographie souterraine de ce bassin.

On demande aux concessionnaires si l'exécution du plan qui faisait partie inhérente de leurs concessions a été remplie; si les précautions les plus essentielles, prévues par les plus anciens réglemens, même d'après les ordonnances de Charles VI, de Charles VII, de Louis XII, ont été employées, indépendamment de tous les détails d'arts et de travaux dans lesquels le plan général d'exploitation pour l'instruction des concessionnaires et la bonne direction des ouvrages était entré. Il contient des dispositions générales propres à réprimer les abus et les dilapidations qui ont été continuellement signalées par Messieurs les ingénieurs des mines, par toutes les autorités locales, et entre autres par M. Durosier, sous-préfet de Saint-Etienne, l'un des fonctionnaires les plus sages et les plus estimables.

Nous pourrons citer l'article 26, qui porte : « Que le » concessionnaire ne pourra abandonner aucune partie des » travaux sans en avoir prévenu l'administration au moins » trois mois à l'avance, et sans qu'un procès-verbal de » visite, constatant l'état des lieux, et les mesures de » sûreté nécessaires, n'ait été dressé par les ingénieurs » des mines. »

Le concessionnaire pourrait-il soutenir qu'il se soit conformé à cet article et qu'il n'ait pas méconnu la sagesse des vues qu'il renferme.

Par l'article 27, l'ouverture d'un nouveau champ ne devait avoir lieu que sur l'autorisation dn Ministère de l'Intérieur, qui détermine les puits principaux et le mode d'exploitation, et que dans les champs d'exploitations actuelles, l'ouverture de puits ou de galeries ne pourra avoir lieu que sur l'autorisation du préfet.

Ces mesures, qui tenaient à la sûreté publique en même temps qu'à la garantie accordée par la loi aux propriétaires de la surface, ont été mises et sont restées dans un oubli complet.

Pour éviter de se conformer à l'article 28, l'état des produits en nature, l'état des matériaux, des plans et coupes des exploitations, dressés sur une échelle d'un millimètre pour un mètre, ont-ils été adressés aux époques et dans les temps voulus? Il était dit aussi que les plans et coupes des travaux exécutés dans le cours de l'année précédente, seraient rattachés au plan général des exploitations, après vérification faite par les ingénieurs, et que cet envoi aurait lieu, pour le délai fixe, dans le mois de janvier de l'année suivante.

Toutes les règles, toutes les précautions prévues par le Gouvernement, ont subi la même infraction.

Il en est de même de l'article 30, qui obligeait impérieusement le concessionnaire à choisir un directeur de travaux, qui serait agréé par la Direction générale des mines, pour conduire en chef les exploitations du bassin de la Roche et de Firminy.

Ces articles, qui étaient tout-à-fait obligatoires pour ces concessionnaires, ménagaient en quelque sorte leur amour-propre, en attribuant à des agens subalternes les tristes résultats qui ne sont que l'effet de leur inexpérience et d'une mauvaise gestion.

Il leur était également recommandé par l'article 44, à eux et à leurs ayans-cause, d'exploiter de manière à ne pas compromettre la sûreté publique, celle des ouvriers, la conservation des mines et les besoins des consommateurs; ils étaient obligés de se conformer aux instructions qui leur seraient données par les ingénieurs des mines du département, d'après les observations auxquelles la visite et la surveillance des mines pouvaient donner lieu.

Les procès-verbaux dressés pour constater les contra-

ventions, prouvent que le désordre a été porté à son
comble : la sûreté publique, l'existence des ouvriers, la
conservation des mines, les droits des propriétaires, les
besoins des consommateurs, tout a été compromis à la fois ;
et les concessionnaires sont encore paisibles possesseurs, à
peine sont-ils satisfaits de tant d'usurpations, de tant de
calamités, de tant de désastres.

Le nouveau concessionnaire, le sieur Baude, qui a pris
la place du sieur Croisier, n'aura, sans doute, pas plus que
son prédécesseur, la prétention de s'attribuer tout ce qui
peut se rattacher d'honorable en souvenirs, en garanties,
en prépondérance, aux noms des ducs de Charost et marquis d'Osmond, qui portent avec eux cette sorte de sécurité et d'assurance que l'on peut attribuer aux nombreux
services rendus à la patrie et à l'état.

Mais puisque ces Messieurs, qui ne sont les héritiers
légitimes ni naturels des nobles personnages que nous
avons cités, ont voulu qu'une transaction particulière les
admît à venir prendre possession des droits des propriétaires nés ; pourquoi donc, pour ne rien omettre, lorsqu'il
est question d'infraction aux réglemens, ne se sont-ils pas
conformés aux dispositions de l'article 32, portant qu'il y
aura particulièrement lieu à surveillance, si la propiété ou
la jouissance vient à être transmise en tout ou en partie, par
le concessionnaire, à d'autres individus : lequel cas échéant,
le concessionnaire serait tenu de faire connaître à l'Administration les noms, demeures et facultés des personnes
auxquelles ils auraient cédé tout ou partie de la jouissance
de ces mines, pour qu'il soit pris, par l'Administration,
telles mesures de conservation qui seraient jugées nécessaires ?

Dans tous les cas, les exploitans quelconques devaient
être tenus de se conformer aux dispositions du régle-

ment, comme à l'ordonnance du Roi, du 2 novembre 1814.

Toutes ces mesures, toutes ces précautions sont d'ordre public; et elles ont été impunément violées.

Le droit de propriété a souffert les atteintes les plus graves sur une grande surface, par suite d'un privilége tout-à-fait contraire au texte et à l'esprit de la Charte. — Il est indubitable que le Gouvernement ne fasse rentrer bientôt l'exploitation des houillères dans le droit commun, d'où elles n'auraient jamais dû sortir que pour motifs d'intérêt général bien reconnu.

L'ordonnance royale du 30 août 1820 avait aussi réglé les droits des propriétaires relativement à la fixation de la redevance qui leur était due. Le Roi, dans sa sagesse, voulait qu'au moins le possesseur du sol fût un peu dédommagé des pertes qu'il éprouvait; le concessionnaire s'est soustrait à une obligation qu'il devait regarder comme sacrée.

Le réglement du 20 juillet 1819 voulait, art. 11, que le concessionnaire ne pût abandonner tout ou partie du terrain pratiqué dans l'étendue d'un champ d'exploitation, avant qu'il n'eût préalablement rempli les obligations prescrites par les articles 8 et 9 du réglement de 1813, concernant la police souterraine, avant qu'il n'y eût été autorisé par le Préfet, sur l'avis de l'ingénieur des mines, et *après que les propriétaires des surfaces correspondantes, intéressés, auraient été entendus.* Le concessionnaire était alors tenu de notifier aux propriétaires intéressés l'autorisation du Préfet, dans les huit jours qui suivraient la déchéance.

Toutes ces dispositions, prises dans l'intérêt public et dans les intérêts privés, médités avec une profonde sagesse, n'ont sans doute pas paru dignes aux concessionnaires de fixer leurs regards; ils les ont considérées comme nulles et non avenues, et ne s'en sont pas occupés.

On ne supposera pas sans doute que les propriétaires, qui s'adressent à l'autorité suprême, puissent, en raison de leur mécontentement, parler avec aigreur et contre la vérité. Si on élevait le moindre doute, on trouverait toutes les preuves dans les archives, soit de la préfecture de la Loire, soit du Ministère de l'Intérieur, et dans les rapports faits, en 1822, avec autant de sagesse que de précision, par M. le vicomte de Nonneville, alors Préfet.

A cette époque, l'autorité locale était tellement assaillie des plus justes plaintes, que M. le Préfet prit sur lui, le 9 février 1821, de charger l'ingénieur des mines de procéder à une enquête et à une vérification des contraventions qui avaient été dénoncées.

Ici ce ne sera plus la voix des propriétaires dépouillés que l'on va entendre; nous donnons la copie littérale du Rapport adressé, le 20 mars, par M. d'Elseriès, à M. le Préfet du département :

« D'après le réglement du 20 juillet 1819, il devait y
» avoir provisoirement : 1° à Roche-la-Molière, deux
» exploitations; l'une sur la couche du Saignat, par deux
» puits communiquant ensemble et séparés par une dis-
» tance horizontale de 300 mètres; l'autre, formée par un
» seul puits, au lieu de la Chambilière, sur la couche dite
» Siméon.

» 2° A Firminy, deux exploitations seulement, mar-
» chant chacune au moyen de deux puits; l'un établi au
» lieu dit la Tour, sur la couche appelée Grande-Masse;
» l'autre, au lieu dit Pré-du-Breuil, sur la couche dénom-
» mée Grande-Masse du Pré-du-Breuil.

« 3° Il fallait entretenir en bon état les trois galeries d'é-
» coulement principales de Roche-la-Molière et de Firminy.»

M. Delseriès établissant ensuite le parallèle de l'état des choses ordonné par le Réglement, et de l'état des choses existantes, il s'en suit :

« 1° Qu'on n'entretenait à Roche-la-Molière qu'une seule
» exploitation en activité, tandis qu'il devait y en avoir
» deux ; à la vérité, elle était assise sur la couche du Sai-
» gnat et comportait deux points ; mais ceux-ci n'étaient
» ni aux lieux ni aux distances voulues. En outre, les
» travaux ne se trouvaient pas formés et suivis, ainsi
» qu'il est mentionné à la section première du Régle-
» ment.

» 2° On ne faisait aucune extraction à la Chambilière
» sur la couche dite Siméon, endroit désigné pour l'ouver-
» ture du puits.

» 3° A Firminy, au lieu de deux exploitations distinctes
» ordonnées, il en existait quatre. Il n'y en avait pas
» néanmoins sur la Grande masse de la Tour, et l'on en
» voyait deux sur la Grande masse du Pré-du-Breuil, où
» il n'en fallait qu'une ; mais, d'ailleurs, leur situation est
» bien éloignée d'être conforme aux dispositions du Ré-
» glement. Les deux autres exploitations se trouvaient
» sur des couches dont il n'est pas parlé dans ledit
» Réglement.

» 4° Quant aux recherches entreprises, continuées jour-
» nellement, et qui devaient conduire successivement à de
» nouvelles exploitations plus ou moins importantes, elles
» étaient tout-à-fait contraires au contenu du même Ré-
» glement précité. »

M. l'Ingénieur concluait en ces mots :

« J'estime, d'après l'inspection des lieux et ce qui pré-
» précède, que les concessionnaires des mines de houille
» de Roche-la-Molière et de Firminy donnent aux divers
» travaux d'exploitation qu'ils exécutent une disposition

» et une extension qui ne sont nullement en harmonie
» avec ce qui leur est prescrit par le Réglement du
» 20 juillet 1819 ; qu'en un mot, les dispositions de ce
» dernier ont été négligées et éludées jusqu'à ce jour. »

Les concessionnaires ont-ils bien été déchus et dépossédés de droit, lors que l'infraction à la Loi, aux Ordonnances et aux Réglemens a été bien valablement et bien
dûment constatée par les hommes de l'art, chargés par
leur mission de cet objet?

Cet amas de preuves suffira-t-il pour rétablir les propriétaires dans leurs droits primitifs, et pour constater,
une bonne fois, que le produit du sol a été transmis à
d'autres, parce qu'on ne voulait pas qu'ils pussent abuser;
qu'à plus forte raison, si le concessionnaire étranger a
abusé lui-même, il a anéanti son titre?

Voudrait-on voir maintenant que l'ordonnance du 30
août 1820, à l'egard des propriétaires de la surface, n'a
pas été mieux exécutée?

Il était dit que le concessionnaire ne pourrait abandonner tout ou partie de ses travaux sans y avoir été autorisé
et lorsque les propriétaires auraient été entendus. En
échappant à ces deux articles, le concessionnaire avait mis
les propriétaires dans une dépendance qui leur ferait subir
sa loi, par le choix libre des exploitations.

C'est ainsi que, trouvant des hommes incapables de
transiger avec ce qui est légal et juste, refusant de sous-
crire à des spéculations illégales, le propriétaire aisé voit
son sol abandonné quant à ce qui a rapport à l'exploitation; et le concessionnaire, profitant de la misère et de la
faim qui pressent le pauvre, lui promet de fouiller dans
son champ, et lui arrache ainsi une volonté qui le prive
de la plus grande partie de l'indemnité que la loi lui accorde.

Lorsque des observations ont été faites aux concessionnaires, ils ont répondu, par M. Baude, qui, dans toutes les circonstances, se dit leur principal organe et agent ; néanmoins, ils n'ont pu nier tous les faits consignés dans ce Mémoire, mais ils ont cherché à s'excuser sur ce que, disaient-ils, d'après leur opinion, le réglement du 20 juillet 1819 n'était point fondé, ni sur une connaissance exacte des localités, ni sur une étude assez approfondie des mines concédées et des recherches, ainsi que des exploitations qu'elles réclamaient.

M. Baude s'est beaucoup avancé en s'expliquant ainsi ; il ne lui appartiendrait pas trop, d'après ses propres faits, de juger du mérite des fonctionnaires qui appartiennent à un corps si justement célèbre. Car quoique MM. les ingénieurs n'aient pas remédié aux pertes dont nous sommes les victimes, nous devons dire que, sans leur prévoyance et le talent qu'ils ont montré, il y aurait eu d'autres excavations et des maux bien plus incalculables encore que ceux dont nous venons de tracer le tableau.

Il s'agira de savoir *si les articles* 25, 26 *et* 27 *ont reçu, en fait, leur exécution*, et si, *en droit*, le concessionnaire doit être déchu de la concession et être dépossédé, pour n'avoir pas suivi les conditions qui lui ont été imposées.

Comment le sieur Baude viendrait-il nous opposer un défaut de connaissance des localités et du réglement, quand il est prouvé que le réglement avait été fait contradictoirement et après avoir entendu le concessionnaire qui avait présenté le Mémoire en réponse au travail de MM. les ingénieurs, et qui avait assisté concurremment avec eux (par ses ayans-cause), à la visite des lieux, qui fut faite le 16 janvier 1818.

Il y a d'ailleurs maintenant une grande série de sous-

traités, parce qu'un seul concessionnaire ne peut surveiller
une si grande étendue.

Nous croyons avoir démontré, de la manière la plus
évidente, que dans le cas où, contre toute apparence, il
serait décidé, contre le droit commun, dans la plus ancienne comme sous la nouvelle législation, que le fonds du
sol et le tréfonds ne sont pas indivisibles et ne font pas
partie essentielle de la propriété, surtout lorsqu'il n'est
question que de houillères, il est vrai, au moins, pour
le privilégié dénommé concessionnaire, qu'il est un cercle
dont il n'a pu sortir, le réglement qu'il ne devait pas en-
freindre.

On jugera si M. d'Osmont et les sieurs Croziers, Baude
ou tous autres, ont pu regarder comme non avenues les
obligations qui leur ont été imposées envers les propriétaires dont ils ont pris la place, ou si leurs infractions
multipliées n'infirment pas elles-mêmes le titre qui les a
prévues.

En un mot, si les ordonnances royales que nous avons
citées n'ont été et ne doivent être qu'une vaine formule,
ou si elles ont dû être littéralement suivies.

Les houillères de Roche-la-Molière et de Firminy, dont
nous nous occupons, peuvent être portées au premier
rang et considérées comme les plus belles qui existent
dans le royaume. Des hommes sages et d'une éloquence
bien persuasive nous avaient long-temps devancés pour
faire reconnaître que ce ne serait qu'en détruisant le monopole et en favorisant la concurrence, que l'on parvien-
drait à donner à l'industrie territoriale de ces stériles
contrées les développemens qu'elle doit avoir.

RÉSUMÉ ET OBSERVATIONS GÉNÉRALES

Quel que puisse être le résultat de la juste demande des réclamans ; soit que, par le rapport de la loi de 1810, il leur reste la permission d'exploiter eux-mêmes, sous la surveillance de l'Administration ; soit que, par le rapport de l'ordonnance de 1814, ils soient admis à la concurrence, ils n'en doivent pas moins faire observer :

1° Que le plan général des travaux prescrits par les articles 11 et 12 de la première ordonnance et 5 de la seconde, devra être confectionné ;

2° Qu'il n'appartiendra pas au concessionnaire de n'exploiter que sous les fonds des propriétaires qui auront traité avec lui, à vil prix, de la redevance ;

3° Qu'il sera donné garantie suffisante par le concessionnaire ; qu'elle sera agréée par l'Administration, à peine de dépossession dans un délai déterminé ;

4° Qu'il sera donné aux propriétaires communication du plan général, avant que d'être transmis à l'approbation du Ministre ;

5° Qu'un règlement, émanant de l'autorité supérieure, déterminera d'une manière précise ce qu'on entend par remblais méthodique, lorsqu'il s'agit de la redevance fondée sur ce mode d'exploitation ;

6° A quelle époque la réduction commencera à être exigible, et comment doit être constaté l'emploi et non-emploi des remblais ;

7° Quel est le mode d'exploitation d'office, lorsque le propriétaire est fondé à en provoquer l'application, en cas d'abandon d'une couche en exploitation, et par quelle autorité cette mesure peut être ordonnée ;

8° Quelle est l'action à exercer par les propriétaires des

surfaces, lorsque le concessionnaire exploite d'une manière vicieuse et contraire à leurs intérêts, sous le rapport de la redevance ou de la surface, et devant quelle autorité ils doivent se pourvoir ;

9° Enfin, dans quel cas et à quelle époque les propriétaires de surface peuvent exiger des concessionnaires la communication soit du plan d'avancement des travaux, soit du registre prescrit par l'article 19 de l'ordonnance du 30 août 1820.

Les propriétaires, en donnant quelques indications qu'une expérience journalière leur a inspirées, n'entendent pas tracer une marche à suivre à une Administration aussi éclairée que celle des Ponts-et-Chaussées ; mais ils se voient obligés de parler de ce qui s'est passé sous leurs yeux ; et ils en ont retiré la preuve que l'emploi de ces mesures est tout-à-fait indispensable.

Il ne sera pas moins utile d'avoir une base mieux déterminée pour fixer l'échelle des prix qui seront attribués à la redevance.

A cet égard, les exposans ne réclament que la stricte exécution de l'article 3 de l'ordonnance du 19 octobre 1814, qui, en prescrivant pour base les usages du pays et les redevance de même espèce qui peuvent avoir lieu dans les concessions voisines, veut qu'on prenne en considération les différences que motiveront les circonstances locales plus ou moins favorables.

L'indemnité due aux propriétaires de Roche-la-Molière et de Firminy doit être basée sur une quotité bien plus forte que celle donnée aux propriétaires des mines voisines.

La houille de Firminy et de Roche-la-Molière est la meilleure de France, et peut être comparée à celle de Newcastle en Angleterre : le nom de Newcastle est identifié avec le charbon de terre ; ses environs renferment d'immenses lits de ce minéral, qui fait l'objet d'un très-grand commerce. Un terrain qu'on ne voulait pas acheter plus cher avec le droit de miner, que sans la mine, produit aujourd'hui 7,000 l. st. au propriétaire du sol (1).

A Firminy et Roche-la-Molière, les fouilles sont peu profondes et ne vont pas plus bas que la troisième couche.

Il n'en est pas ainsi des houillères de Saint-Etienne, de celles entre autres existant sous les propriétés des hospices de cette ville.

Suivant le traité conclu entre les administrateurs de ces hospices et le sieur Desjoyaux, extracteur des mines, le 23 août 1846, l'exploitant est obligé de creuser un puits de cent mètres au moins afin d'atteindre les couches à une profondeur convenable.

La rétribution à payer par le sieur Desjoyaux, est fixée à un huitième de valeur en numéraire, de tous les charbons extraits et qui proviendront de la cinquième et de la quatrième couche et à un sixième pour les couches moins profondes ;

Et remarquez qu'il lui est enjoint de n'attaquer d'abord que la cinquième masse, et qu'il ne doit toucher aux couches supérieures qu'après avoir épuisé entièrement les plus profondes, et les autres successivement, en remontant vers la surface.

Qu'il est tenu d'introduire dans l'exploitation la méthode des remblais, afin d'extraire la houille jusqu'à épuisement total ;

Que tous les frais d'exploitation ou y relatifs, quelle qu'en soit la nature, ainsi que tous les droits et contribu-

Voyage en Angleterre, tome 2, 1810, 1811, pages 76 et 77.

tions à payer au Gouvernement, sont à la charge du sieur Desjoyaux ;

Que les appointements du commis nommé par les administrateurs, pour régler la rétribution, sont également à la charge de cet extracteur ;

Qu'il doit, en outre, se conformer à tout ce qui lui sera prescrit par les ingénieurs ou vérificateurs des mines.

Outre toutes ces charges, déjà si onéreuses, l'extracteur est obligé d'avoir en tout temps, à la disposition des hospices, une quantité de houille suffisante à leur consommation journalière, qu'on peut évaluer à 10,000 fr., au moins, par an.

Le terrain qu'il allait exploiter était encore vierge, et tous les préparatifs longs et dispendieux qui nécessitent de pareilles entreprises étaient à faire : *pratiquer des chemins au milieu des meilleures terres du pays et de prairies précieuses, indemniser les propriétaires voisins des ravages occasionnés par les eaux de sa fouille qui stérilisent tout ce qu'elles touchent, être passible de tous les dommages causés aux murs, fossés, haies et bois par le séjour et le passage des ouvriers et des voituriers et plusieurs autres difficultés de cette nature, dont on ne peut se garantir* au commencement d'une pareille entreprise, devaient diminuer les bénéfices que le sieur Desjoyaux espérait tirer de sa future exploitation.

Rien de tout cela ne rend difficile ni dispendieuse l'exploitation des houillères de Roche-la-Molière et de Firminy. Exploitées depuis plus d'un siècle, elles n'offrent plus de dommages superficiels à redouter.

Dans le canton de Rive-de-Gier, l'extraction des mines est encore bien plus dispendieuse. La profondeur ordinaire des puits d'exploitation est de cent soixante-dix et même deux cents mètres ; il en est qui vont jusqu'à trois cents et trois cent soixante mètres.

La redevance était autrefois du quart au cinquième du produit brut, et aujourd'hui elle est encore du sixième au dixième.

Cette redevance est toujours délivrée en nature, franche de toutes dépenses prévues et imprévues, au fur et à mesure de l'extraction ; elle est versée dans une case affectée au propriétaire, placée à l'orifice du puits.

Le préposé, chargé par le propriétaire de surveiller l'exactitude de cette opération, est, ainsi que celui des hospices de Saint-Etienne, payé par les exploitans.

S'il est bien prouvé que les concessionnaires actuels n'ont rien imaginé de nouveau, qu'ils n'avaient aucun titre, aucun droit à la concession, ils devaient au moins remplir les conditions qui leur étaient imposées. Mais ne s'occupant que des moyens les plus prompts pour arriver à la fortune, ils ont jeté dans un désordre absolu l'une des branches les plus belles et les plus productives de l'industrie française, et trop souvent la faveur les a accompagnés jusques dans la violation des règles établies.

L'ordonnance de 1814, qui, dans les considérans, portait que la concession d'Osmond, quoique bien antérieure à la loi d'avril 1810, n'avait pas encore acquis la force de chose jugée, pourrait se comparer à celle du mois d'août 1820, et on y verrait que ce n'est qu'une transaction d'après laquelle le Roi voulait faire un généreux et dernier essai pour s'assurer si le concessionnaire, sentant tout le prix des avantages qui lui étaient livrés, pourrait, moyennant des conditions, conserver ce titre, ce qui devient impossible maintenant, et nous croyons avoir prouvé qu'il a lui-même provoqué dix fois la déchéance que nous venons solliciter aujourd'hui.

CONCLUSIONS.

*S'il eût été question de simples infractions au traité,
de simples discussions, soit en raison du droit de propriété, soit en raison de dommages, les exposans auraient
investi l'administration locale ou les tribunaux, conformément aux titres 9 et 10 de la loi du 21 avril, articles
87, 88, 93, 94 et suivans. Mais dans la circonstance il
n'appartient qu'au Roi seul, qui a donné la concession,
de la retirer, et c'est à cet effet que nous recourons à l'autorité suprême par l'intervention de Son Excellence le
Ministre de l'Intérieur et de M. le Directeur-Général des
Mines.*

Le Roi, premier appui et protecteur de tous les intérêts,
qui a l'œil sur tous les départements de son royaume, qui
a fait réparer en partie tout ce que les législations passa-
gères et du moment pouvaient avoir de nuisible et de
vicieux, a, sans doute déjà, dans sa sage et profonde prévoyance, pris quelques connaissances des dommages
causés par l'exécution de la loi du 21 avril 1810.

Le Roi se sera fait représenter l'opinion de ses loyaux
députés, qui ont si bien rendu le vœu unanime et l'expression générale des propriétaires du département de la Loire
et de toutes les autres contrées, pour hâter l'heureux moment où il plaira à Sa Majesté de prendre elle-même
l'initiative pour le rapport de cette loi funeste, et d'en provoquer une autre plus conforme à ses vues paternelles et
aux intérêts des propriétaires réclamans.

En attendant ce résultat, et après avoir bien prouvé que
les concessionnaires n'ont rempli aucune des conditions
qui leur étaient imposées, et qu'ils se sont dépossédés et
déchus d'eux-mêmes, que les ordonnances du Roi et les

réglemens de l'autorité administrative ont été violés sur tous les points et dans tous les sens ; que plusieurs années d'épreuves n'ont amené que de plus grands désordres ; que la sûreté publique a été plusieurs fois compromise, *les propriétaires de Roche-la-Molière et de Firminy concluent et demandent à Votre Majesté qu'il lui plaise retirer les concessions accordées par les ordonnances de 1814 et 1820,* et que, dans le cas où les propriétaires ne seraient pas réintégrés dans leurs droits du fonds et du tréfonds, dans le cas où ils ne seraient pas autorisés à exploiter par eux-mêmes comme tous les propriétaires des autres carrières, les mines dont il est question soient divisées en six concessions partielles, sauf à accorder dédommagement, et aux concessionnaires actuels les indemnités qui seront jugées convenables.

Que lesdites concessions soient données à la concurrence, d'après les plans et sous la surveillance de M. le Préfet et de MM. les Ingénieurs des mines.

Pour les propriétaires,

ROUTHIER,

Avocat aux Conseils du Roi et à la Cour de Cassation.

Suivent les réclamations de tous les propriétaires des mines et l'opinion de *Messieurs les Députés de la Loire, de la Haute-Loire et de plusieurs autres Départements intéressés par les rapports de Commerce.*

(N^o Ier.)

Les soussignés, Députés de la Loire, de la Haute-Loire, de l'Ardèche et autres Départemens, intéressés par leurs

fréquens rapports de commerce, après avoir pris connaissance des justes réclamations de tous les habitans et propriétaires des arrondissemens dans lesquels se trouvent
les mines houillères de Roche-la-Molière et Firminy,

Croient agir dans l'intérêt de l'Etat et répondre au vœu
des contrées industrieuses qui réclament leur intervention,
en venant présenter eux-mêmes, à Son Excellence le Ministre de l'Intérieur, et à Monsieur le Directeur-Général des
Ponts-et-Chaussées, le Mémoire des propriétaires, les pièces
à l'appui, et invoquer leur autorité supérieure et directe,
pour que le tout soit mis sous les yeux de SA MAJESTÉ,
afin que, dans sa haute sagesse, et à l'exemple de ses prédécesseurs, elle puisse jeter ses regards paternels sur cette
portion essentielle de son Royaume, apprécier les puissans
motifs mis en avant pour faire retirer ou diviser la concession de Roche-la-Molière et Firminy, et enfin provoquer les mesures législatives qu'il lui plaira d'adopter,
pour faire modifier ou rapporter la loi du 21 avril 1810 ;
et ont signé :

Département de la Loire.	DUGAS DES VARENNES, DE POMMEROL, DE MÉAUDRE, DE MEAUX.
Haute-Loire.	Chevalier LEMORE, DE SOLILHAC, DE CALMARD DE LAFAYETTE.
Ardèche.	Le Comte DE GRANOUX, Le Baron DUBAY, Le Comte EUGÈNE DE VOGUÉ.

Puy-de-Dôme.	DE MONTFLEURY, TRINQUALYE, DE FELIGONDE, DURANQUET DE CHALUS.

Corrèze.	Le Comte ALEXIS DE NOAILLES, Le Comte DE VALON, DE PAREL.

Haute-Saône.	PETIT-PERRIN, BRUSSET.

(N. **2**).

EXTRAIT des réclamations adressées par plusieurs des principaux Propriétaires des Mines.

A Son Exc. Monseigneur le Ministre Secrétaire d'Etat au département de l'Intérieur.

MONSEIGNEUR,

L'Ordonnance du Roi, du 19 octobre 1814, relative aux mines de houille de Roche-la-Molière et Firminy, frappa de consternation et les propriétaires de surface, et les ouvriers employés aux mines, et la classe plus nombreuse des consommateurs ; parce qu'elle les livrait tous à la merci d'un concessionnaire unique, d'un spéculateur sans concurrens.

Ce n'est pas que les intérêts des propriétaires du sol et les besoins de la consommation eussent été tout-à-fait négligés dans la rédaction de l'Ordonnance ; on y remarquait, au contraire, des dispositions assez rassurantes sous ce rapport, si elles eussent été plus complètes, et si l'effet de quelques-unes n'eût pas dépendu de mesures ultérieures toujours promises depuis, mais toujours ajournées.

Aussi l'Ordonnance du 30 août 1820, qui parut avoir pour objet d'organiser ces mesures si long-temps attendues, fut-elle reçue dans la contrée avec l'enthousiasme de la reconnaissance ; mais indépendamment de ce que la principale des garanties obtenues dépendait toujours des mesures ultérieures à remplir, l'expérience ne tarda pas à faire sentir que tout n'avait pas encore été prévu pour la garantie des intérêts locaux.

C'est ainsi que le plan général de travaux prescrits par les articles 11 et 12 de la première Ordonnance, et recommandé de nouveau par l'article 5 de la seconde, est encore à confectionner, bien que ce travail important intéresse à la fois et les propriétaires de surface, et les consommateurs, et la prospérité même de l'industrie minérale.

Cette négligence inexplicable a produit et produit tous les jours les plus déplorables résultats.

Le concessionnaire, libre dans le choix du mode et du champ d'exploitation, porte à son gré ses travaux sous les fonds de ceux des propriétaires de surface qui, pressés par la misère et le besoin, lui font la meilleure composition, ou qui lui cèdent à vil prix leur droit au produit de l'extraction.

Cette spéculation immorale et odieuse a été poussée au point que de six exploitations très prospères et conservées en activité lors de la mise en possession du concessionnaire, il n'en est pas une seule qui n'ait été abandonnée avant l'épuisement entier; et que de quinze exploitations existant avant sa mise en possession, la seule qu'il ait fait valoir pendant quelque temps (la mine Chapelon), est une des cinq qui avaient été définitivement interdites par arrêté du Préfet, du 24 août 1816. On a déjà dit le motif de cette préférence, c'est que le propriétaire a traité avec lui de la redevance.

D'autres propriétaires obtiennent de lui la faculté d'exploiter sous leurs héritages, moyennant une rétribution ou un partage de bénéfices ; et ces exploitations éphémères, que le concessionnaire fait cesser au gré de son caprice, n'aboutissent qu'à multiplier des excavations dont le territoire est déjà couvert, et à rendre presque impossible l'exploitation du reste de la mine, soit chez les propriétaires ainsi favorisés, soit chez les propriétaires voisins, témoins et victimes tout-à-la-fois de ces manœuvres révoltantes.

Voilà le mode d'exploitation que le propriétaire a substitué à l'exploitation en grand, que l'ordonnance de 1814 avait considérée comme devant entrer en considération dans la fixation de la redevance : trois ou quatre fosses, dont une seule mérite à peine le nom de puits, remplacent dans une exploitation immense les quinze exploitations qui y florissaient en 1816.

Le concessionnaire s'excusera-t-il sur le défaut de débouchés pour de plus grands produits? La consommation, les débouchés de 1816 sont les mêmes en 1825.

Il y a, de plus, à Firminy, une fabrique de noir de fumée, établie depuis, qui consomme plus de cents hectolitres de houille par jour; mais cet établissement, tout comme les deux fonderies de fer, tout comme les nombreuses fabriques de clous de la contrée, sont forcés de s'approvisionner à une lieue de là; en raison de la

mauvaise qualité du combustible extrait par le concessionnaire; les mines de la Ricamarie fournissent même du
charbon de chauffage en concurrence avec celles de la concession, soit à Firminy, soit à plusieurs cantons du département de la Haute-Loire; la seule consommation locale
donne lieu à une importation journalière de cinq à six
cents hectolitres de houille, et l'exportation pour la Haute-
Loire se trouve réduite aussi, chaque jour, de mille hectolitres environ. Tout cela, parce que le concessionnnaire
ne veut exploiter que la houille, bonne ou mauvaise,
des propriétaires dont il a obtenu la meilleure composition.

Quant au bassin de Roche-la-Molière, il n'existe pas
actuellement une seule exploitation en activité ; les exploitations éloignées fournissent à la consommation locale, et
les ouvriers aux mines restent sans travail et sans pain ;
le concessionnaire a si bien pris son parti à cet égard,
qu'après avoir traité avec l'entrepreneur de la fabrique de
noir de fumée, pour une fourniture considérable de houille,
d'une des mines les plus recherchées pour la qualité, il a
préféré manquer à son engagement, plutôt que d'exploiter
chez un propriétaire, qui n'avait pas voulu composer avec
lui sur la redevance.

Mais un résultat peut-être encore plus funeste de l'in-
conduite du concessionnaire dans ces travaux, c'est que
ces travaux, imprudemment poussés par des galeries vastes
et nombreuses jusque sur la route de Lyon à Toulouse, en
ont occasionné l'écroulement dans une largeur et une profondeur considérables ; c'est que, d'autre part, sans res-
pect pour la sûreté des habitations, et au mépris de l'article 11 de la loi d'avril 1810, le concessionnaire exploite
jusqu'aux abords du bourg de Firminy ; en sorte que les
crevasses opérées sur plusieurs autres points de la route,

se sont étendues jusque sous les maisons du bourg, et que quelques-unes de ces maisons sont menacées d'une ruine prochaine.

Ont signé : Lafaye-Dubouchet, fondé de pouvoir de M. Recourdon ; Chaney, Chambarlhac ; Benoit, fondé de pouvoir de madame la baronne de Castrie ; G. Faure, Teillard, Larcroix fils aîné, Dubois Ducoude, Lafond, C. Faure, P. Bruyère Peumartin, Teyssier, Gire, Jean Fraisse, Mouly Charles, Imossat, Lacroix, C. Crepet fils, Bayle, Bonnet, V. Cauttai, Vallette, Badel, Barnier, Pichon, Laurent, Chappelon de Rosily, marquise de la Fressange ; par procuration de M. le marquis de la Fressange ; Denis Masson, Allary, V. Gonon, Bachelard ; Bayle, pour les enfants Bayle, dont je suis le tuteur ; Prudhomme Chaleyer.

Vu pour la légalisation des signatures des propriétaires ci-contre.

En mairie de Firminy, ce 29 janvier 1825.

Signé PETIT, *maire.*

Neyron de Saint-Julien, Marcelin Boggio, A. Neyron, propriétaire-actionnaire, chevalier de la Légion-d'Honneur ; Neyron Desgranges ; Ant. Thiollière ; Negrony, propriétaire à Roche ; Magnard Bayart, Lubin Basson, Gérin, Journoud, Baudard, E. Crolle fils, J. Roustain, J. Coste, Magnard Faure, Thiollière Laroche, A. Canel, propriétaire ; J. T. Lemaire, T. Canel, propriétaire et maire de Chambon ; Heurtier, Thomas aîné, Blaise Peyron, Praher, Thomas Largeron, Dubouchet, J. Barrallon, M. F. Maire, Sabatier, L. Maire, Sabot, J. P. Dubouchet, J. Dubouchet fils aîné ; Martignat, propriétaire et maire de la commune de Feugerolle.

Vu pour la légalisation des signatures ci-dessus des

sieurs Lemarie, Canel, Heurtier, Thomas aîné, Dubouchet, Peyron, J. Thomas Largeron, Barrallon, M. F. Maire, L. Maire, Sabatier, Sabot, etc.; tous propriétaires domiciliés à la commune de Chambon.

En mairie le 31 janvier 1825.

Signé CLÉMENT CANEL, *maire.*

La Commission administrative des hospices civils n'a pour le moment à articuler aucun grief particulier contre la Compagnie concessionnaire, puisqu'elle n'a encore dirigé aucun travail sur les propriétés qu'elle possède dans ce périmètre; mais elle doit saisir avec empressement cette occasion, pour se réunir au vœu qu'expriment les pétitionnaires pour la stricte exécution des articles 11 et 12 de l'ordonnance royale du 19 octobre 1814, qui sont les principaux moyens de garantie laissée à la propriété contre l'action, toujours plus menaçante, de la Compagnie concessionnaire.

En bureau de l'Administration, le 1er février 1825.

Signé P. JULLIARD, GERIN, DESCOURS aîné, CENT, THIOLLIÈRE, NEYRON.

Vu par nous, maire de Saint-Etienne, pour légalisation des signatures apposées d'autre part, de MM. Thiollière Neyron, André Neyron, Neyron Desgranges, Neyron-Saint-Julien, Thiollière Laroche, Gerin, Journoud, Magnard-Bayon, Magnard Faure, Crolle, Roustain, Basson, Coste, Baudard et Marcelin Boggio, propriétaires demeurans en cette ville, ainsi que celles de MM. Thiollière Neyron, Gerin, Descours et Julliard, administrateurs des hospices de ladite ville.

En mairie, à Saint-Etienne, le 1er février 1825.

Le Maire, signé HIP. ROYET.

Dodevey, Thibaut, Delaroa, Mathieu, Berger, Colombe et l'Hospital.

Vu par nous, maire de Saint-Genest-Lerpt, Roche-la-Molière, l'Auduzière et Cyeron, pour légalisation des signatures apposées ci-dessus par MM. Dodevey, Thibaut, Delaroa, Mathieu, Berger, Colombe et l'Hospital.

En mairie, le 1er février 1825.

Le Maire, signé PEYRET DUBOIS.

(N. 3).

Copie de la Lettre des principaux Propriétaires des Mines, adressée à M. le Préfet de la Haute-Loire

MONSIEUR LE PRÉFET,

Les vœux des propriétaires de surface des bassins de Roche-la-Molière et Firminy, leurs plaintes répétées vous sont parvenues, vous les avez entendues ; votre cœur en gémit ; pleins de confiance en votre zèle pour le bien général, en votre justice, les propriétaires espèrent et comptent sur votre appui, pour faire arriver au Ministre de l'Intérieur et au trône, leurs justes réclamations contre les malversations et les actes arbitraires des concessionnaires ou propriétaires des mines de Roche-la-Molière et Firminy.

Dans le désir du bien, de l'avantage général et public, la concession houillère des bassins de Roche-la-Molière et Firminy, furent accordées à M. le marquis d'Osmond Louis XVIII, d'heureuse mémoire, détermina, par une ordonnance sous le titre d'Indemnités, les droits des proprié-

7

taires de surface, d'avec ceux des propriétaires des mines.
C'est en vain que Louis XVIII crut dans sa sagesse obtenir,
par cette concession, des exploitations en grand dans ces
bassins, et assurer l'avantage des deux paties intéressées.
Qui, plus que vous, M. le Préfet, est à portée de connaître, que rien de ce que s'est proposé la sollicitude de Sa
Majesté, que rien n'est observé, que les exploitations sont
partielles et mal conduites, qu'il y a absence absolue de
règle, pour le bon système d'exploitation, dans le mode
choisi par les concessionnaires ; les travaux mal dirigés,
les terrains d'une part, s'affaissent, de l'autre, les eaux les
gagnent et ruinent les mines par longues années. A ces
maux, qui vous sont connus, doivent vous en être dévoilés
encore de plus funestes : on abuse du malheur des familles, on abreuve de dégoûts les propriétaires de surface, on
refuse d'ouvrir leurs mines, on remet cette ouverture à
des époques que peut-être eux ni leurs enfans ne verront
jamais s'ils ne renoncent aux bénéfices que la loi des indemnités leur accorde, en traitant à vil prix de la redevance ; est-ce manque de débouchés, qui met obstacle à
l'ouverture des mines ? non, les concessionnaires promet-
tent d'ouvrir chez vous ; ils ouvriront si la misère, l'ennui
et le besoin vous forcent d'accéder à leurs injustes prétentions. Que dire ? Ils ouvriront ? Ah ! si un appas plus
flatteur se présente à l'avidité des concessionnaires, ils
abandonneront la mine du malheureux et trop confiant
propriétaire qui, par un traité, se trouve à jamais engagé,
tandis que des clauses insidieuses, et placées à dessein, le
livrent à la merci et au caprice de sa partie adverse.........
Quoi, la religion du Roi, son amour pour son peuple, ses
intentions bienfaisantes, peuvent-ils être surpris à ce point ?
Quoi, dans sa bonté, Sa Majesté aura voulu assurer le
bonheur de tous ses sujets, et les propriétaires des mines

par leur avidité, pourront, nous propriétaires du sol, nous priver d'en être participans ! Non, M. le Préfet, telle ne fut point l'intention de feu Sa Majesté, telle n'est point celle de notre bien aimé Charles X, qui, lors de sa tournée en 1814, daigna assurer les propriétaires de surface de sa bienveillante protection. C'est à vous, M. le Préfet, qui êtes préposé pour soutenir les droits de vos administrés, c'est à vous d'appuyer, de faire entendre les réclamations qui vous ont été transmises, par la voie de M. le Sous-Préfet de Saint-Etienne, par une pétition qui lui a été remise par les propriétaires de surface, le 2 de ce mois.

Les autorités locales des divers cantons de la Haute-Loire, font retentir de nouveau, en ce moment, comme consommateurs, leurs plaintes sur la rareté des charbons dans la contrée, vu principalement la très-mauvaise qualité de celui que leur offrent les concessionnaires, et sur le gaspillage des bois, qui en résulte dans ce département.

C'est dans la confiance toute particulière en votre justice, c'est dans la ferme persuasion que nous n'espérons point en vain, mais que vous appostillerez et présenterez favorablement, à S. Ex. le Ministre Secrétaire d'Etat au département de l'Intérieur, la pétition des propriétaires de surface, que nous nous disons très-véritablement,

MONSIEUR LE PRÉFET,

Vos très-humbles serviteurs.

Signé, DE ROSILY, Marquise DE LAFRESSANGE, par procuration de M. SAIGNARD, Marquis DE LAFRESSANGE, LAFAYE DU BOUCHET, fondé de pouvoir de Mme RECOUDON, DE CHAMBARLHAC, BENOIT, fondé de pouvoir de Mme la Baronne DE CASTRIES, PAUMARTIN, fils aîné.

Firminy, 8 février 1825.

(N. 4).

DÉPARTEMENT DE LA HAUTE-LOIRE, ARRONDISSEMENT D'YSSIN-GEAUX, COMMUNE DE BAS (chef-lieu de canton)

Extrait du Registre des délibérations du Conseil Municipal de la ville de Bas.

L'an mil huit cent vingt-cinq, et le treizième jour du mois de mars,

Le Conseil municipal de la ville de Bas, convoqué en vertu de l'autorisation de M. le Sous-Préfet, en date du 19 février dernier, s'est réuni en nombre compétent au lieu ordinaire de ses séances, sous la présidence de M. le Maire, à l'effet de délibérer sur les moyens à prendre pour faire parvenir à l'autorité supérieure les réclamations de leurs concitoyens sur les graves inconvéniens qui résultent des procédés vicieux que les agents des concessionnaires des mines ont adoptés depuis long-temps pour extraire le charbon de terre des carrières de Roche-la-Molière et de Firminy, département de la Loire ; et ont été présens MM. Civard, Hostin, Viallaron, Fontbonne, Fayard, Teissier, Deveyrenes, Badel, Clavaron, Donis, Vray, Marey cadet, Pleynet, Douplat et Garier.

Le Conseil, vu les plaintes réitérées de leurs concitoyens, 1° sur les difficultés qu'ils éprouvent à se procurer du charbon de terre, même à un prix élevé, chaque fois qu'ils se présentent à la carrière ; 2° sur les dangers imminens que courent les voyageurs, en passant sur la route royale de Lyon à Toulouse, depuis que des éboulemens considérables ont eu lieu par suite des fouilles que les agens de la concession se permettent de pratiquer dessous les chemins et près des habitations du bourg de Firminy, au mépris des lois et réglemens de police ; 3° et enfin sur ce que les agens de la concession, pour avoir des bénéfices plus considérables, achètent à vil prix, des gens malheureux et qui sont pressés par le besoin d'argent, leur droit d'extraction sur leurs fonds, dont ils ne fouillent que les superficies, au préjudice de l'intérêt public, qu'ils foulent aux pieds impunément;

Considérant que, si ces plaintes générales sont réellement fondées, il y a abus et monopole dans la conduite des employés de la concession des carrières de houille de Firminy, au préjudice des propriétaires de fonds où sont situées les mines, et des consommateurs, qui sont à la merci de la compagnie de la concession ; ce qui est contraire au droit des gens et porte un dommage notable à la société, en privant les usines et les ménages de ce combustible, dont l'usage épargne les bois déjà très-rares en nos contrées, et dont la privation, par conséquent, ferait entièrement disparaître le peu d'arbres forestiers qui ont échappé à la hache révolutionnaire sur nos montagnes, et qui servent uniquement pour les constructions et la confection des instrumens aratoires, depuis que les défrichemens sont partout et sans discernement à l'ordre du jour ;

Le Conseil, par tous ces puissans motifs, quoique étranger à la manière dont les carrières doivent être exploitées, d'après les règles que l'art à établies, mais jaloux de faire valoir les plaintes de leurs concitoyens, qui lui paraissent fondées par la rumeur publique qui éclate de toutes parts, sans pouvoir rien apprécier ni blâmer en connaissance de cause, et ne voulant nullement préjuger le fond de l'arbitraire et des abus qui ont été si constamment signalés, a été unanimement d'avis que la présente délibération sera envoyée et soumise à M. le Préfet, pour être prise en considération et portée à la connaissance du Gouvernement, si l'intérêt public l'exige, laissant à ce Magistrat éclairé, dont l'administration est plus vaste et plus étendue que celle du Conseil, de faire valoir auprès du Ministère les droits de la Société, et particulièrement ceux des habitans de la Haute-Loire, dont les intérêts lui sont chers, et de faire rappeler aux concessionnaires l'exécution de l'ordonnance royale du 19 octobre 1814, et celles relatives aux indemnités, du 30 août 1820, qui paraissent entièrement négligées, et d'inviter S. Exc. le Ministre de l'Intérieur à ordonner de suite la confection du plan général de la concession, qu'on serait tenu de faire connaître par la voie des publications et affiches ; et enfin de faire réviser le cahier des charges pour y additionner des dispositions essentielles dont on pourra remarquer l'absence.

Et ont signé, après lecture faite, les membres présens à la séance, à Bas, les jour, mois et an que dessus.

Signé au registre : Civard, Hostin, Viallaron, Fontbonne, Fayard, Leissier, Vray, Deveyrenes, Badel, Clavaron, Donis, Marey cadet, Pleynet, Douplat, Garier, et Delachomette, maire, président.

Pour extrait conforme :

Le Maire de Bas,

Signé DELACHOMETTE.

Des délibérations ont été prises dans le même sens, et à l'*unanimité,* par les Conseils municipaux des communes de *Saint-Victor-Malescours, Saint-Just-Malmont, Saint-Romain-Luchalm, Saint-Pol-de-Mons, Saint-Ferreol-d'Auroure, Saint-Didier-la-Seauve,* et de *Aurec.*

(N° 5.)

Les Députés, soussignés, du département de Saône-et-Loire, croient devoir, dans l'intérêt de leur département qui possède aussi une très-grande étendue de terrain à houille, et trois houilleries ouvertes, se réunir à ceux de leurs collègues qui ont adhéré au Mémoire présenté au Roi, pour réclamer contre l'abus des concessions illimitées.

Convaincus que la nouvelle jurisprudence résultante de la loi de 1810, est tout-à-fait contraire à la loi naturelle, aux droits de la propriété, au droit civil, aux lois romaines, aux lois françaises, à la protection que nos Rois ont, de tout temps, accordé aux propriétaires du sol, qui doivent posséder le fond de la terre, comme ils en possèdent la superficie.

Convaincus que, si des exceptions peuvent et doivent avoir lieu pour des mines de métaux spécifiés par les lois anciennes, à cause des hautes dépenses que leur exploitation entraîne, de la nécessité, pour tous, d'en voir tirer le meilleur parti, et du peu d'espace qu'occupent leurs filons, il ne peut en être ainsi des terrains à houille, bien autrement étendus, et qui souvent se prolongent comme dans leur département, au-delà de dix et quinze lieues ; que si dans un si grand espace, il était permis à des concessionnaires d'ouvrir à volonté des puits, et de circuler librement sous les habitations et les propriétés de toute nature, il en résulterait de graves dommages.

Ils croient devoir s'unir à ceux qui réclament la sollicitude de Sa Majesté sur un objet d'un si grand intérêt pour leurs concitoyens, et osent espérer avec eux, de sa haute sagesse, l'amélioration d'une législation qui, jusqu'ici, n'a produit que des dangers pour tous, au profit de quelques Concessionnaires et quelquefois d'étrangers, comme il en est des exemples dans leur département.

Signé CARRELET DE LOISY, A. DORIA, D. DE DA-VAYÉ, PAUL DE FONTENAY, SERPILLON, BEAU-REPAIRE, et TH. THIARD.

Nota. Cette pièce n'est parvenue à l'avocat, qu'après l'impression du Mémoire ; il lui a paru utile et important de réunir l'avis de la députation de Saône-et-Loire à celui qui a été exprimé par écrit et verbalement à Son Excellence le Ministre de l'Intérieur par MM. les Députés signataires de sept autres départemens.

Certifié.

ROUTHIER,

Avocat aux Conseils.

IMP. MÉNARD ET DING, SUCᵣˢ DE MONTAGNY, RUE GÉRENTET, 14

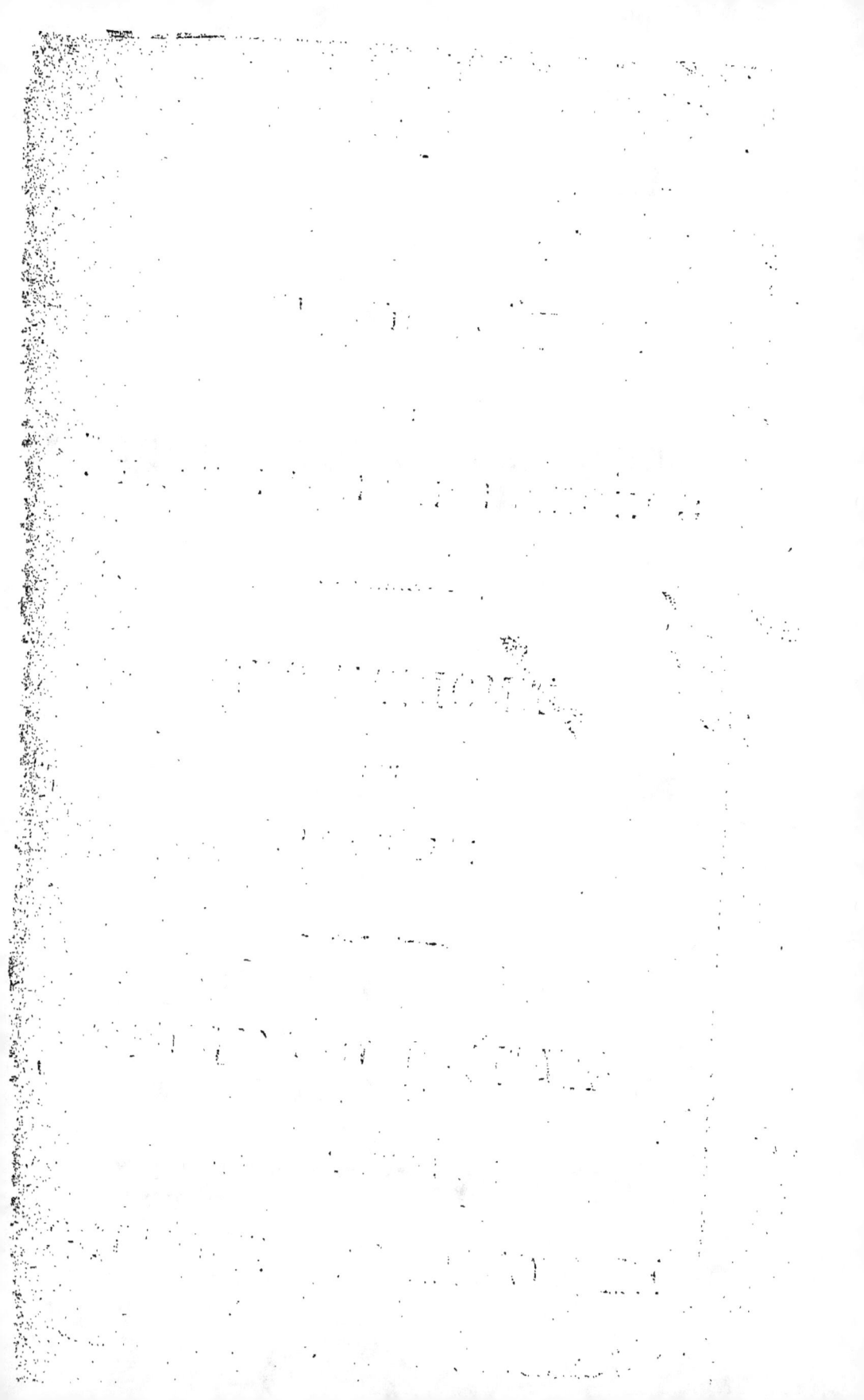

RACHAT

DES

CONCESSIONS HOUILLÈRES

AMODIATIONS

PAR

L'ÉTAT

AMÉLIORATION

DU SORT ACTUEL

DES OUVRIERS MINEURS

www.ingramcontent.com/pod-product-compliance
Lightning Source LLC
Chambersburg PA
CBHW052053270326
41931CB00012B/2733